中学校道徳サポートBOOKS

未来のための探究的道徳

問いにこだわり知を深める授業づくり

荒木寿友 編著

明治図書

はじめに

　「知の理論」(Theory of Knowledge：TOK) について知ったのは2017年の春。本書でも執筆していただいている立命館宇治中学校・高等学校の西田透先生より電話をいただいたことがきっかけでした。立命館宇治中学校・高等学校は，日本でもまだ数の少ないIB教育（International Baccalaureate：国際バカロレア）認定校で，その手法を道徳教育にも活かしたいのだが，どうすればいいのでしょうか？という内容だったと記憶しています。当時の私はIBという言葉は知っていたものの，その中で取り組まれているTOKなどについてはまったく無知で，電話を聞きながらパソコンで「IB　TOK」と検索したことを思い出します。

　その後，実際に授業を見せてもらう中で，今までの道徳の授業とは異なった，道徳的知の探究的な学習に魅力を強く感じることになります。まず，この道徳ではいわゆる「読み物教材」をほぼ使わずに，授業のテーマに基づいた映像や小話といった題材を用いて授業をおこなっている点（こうすることで，考えたり他者と交流したりする時間をより多く確保できます），次いで，自分でしっかりと考える時間を確保しながら，他者との対話の中で道徳的価値観を揺さぶっている点，そして何より最大の魅力は，自分の当たり前，自分たちの思考の前提を徹底的に問い直すということを教員と生徒の「共通了解」として授業を成立させている点です。

　道徳的知の探究的な学習では，批判的に考えること（クリティカル・シンキング）が推奨されますが，この際の「批判的」とは，他者の否定あるいは非難という意味ではなく，自分（あるいは自分たち）の考え方そのものを検証し，問い直していくことを意味しています。私たちは「思い込みや前提」に基づいて話を進めていく傾向がありますが，この思い込みや前提によって他者との分断や争いが生じたりすることもあります。道徳的知の探究的な学習とは，「笑いとは」「仲間とは」「優しさとは」といったテーマから，私たちの何気ない日常生活に切り込んでいくことによって，道徳的価値に対する自らの当たり前を問い直していく道徳の実践です。

　また，道徳的知の探究的な学習では，問い直すことから新たな問いが出てくることをねらっています。問いがあることによって，私たちは考えることができます。探究のプロセスには問いが欠かせません。問い直すことによって新たな疑問が生じること，この連続的な営みが思考を活性化させていきます。

　折しも，2019年度より「特別の教科　道徳」が中学校でも完全実施を迎えるという時期的なこと，とりわけこの教科化によって「考え，議論する道徳」への転換が図られていることもあり，道徳教育において，知の探究的な学習を用いた手法が日本全国の先生の目に留まれば，

「もう一つの道徳の教育方法」としてお役に立つのではないかと考えました。というのも，多くの学校で研修をさせていただく中で，「考え，議論する道徳」とは一体どんな実践を表すのか，具体例を示してほしいというリクエストが多々あったからです。もちろん，さまざまな手法を用いて「考え，議論する」ことは可能ですが，その中の選択肢の一つとして道徳的知の探究的な学習を位置づけることができます。

　本書は，第1章において，道徳的知の探究的な学習の理論面についてわかりやすく解説をしています。第2章では，指導案を12本掲載しています。また，第3章では道徳教育の評価について論じてあります。まずは実践を知りたいと思われる方は第2章から読んでいただいて，その後別の章に目を通していただいてもかまいません。「批判的に物事を考えるとはどういうこと？」「今どういう力を育成していくことが国際的には目指されているの？」ということに関心がある方は，第1章から目を通していただいた方がわかりやすいかもしれません。

　本書を通じて，多くの先生が道徳的知の探究的な学習を実践することを願ってやみません。これからの時代を担っていく子どもたちが，自分，そして他者と真摯に向き合う中で，これからのよりよい生き方やあり方を探究していくことができる，本書がその一助になれば幸いです。

　2019年4月

著者を代表して
荒木寿友

CONTENTS
もくじ

はじめに —————————————————————————— 2

第1章 理論編
考え，議論する道徳をつくる 知の探究的な学習に基づいた道徳教育

- 国際バカロレア（IB）と社会課題解決 ————————————— 8
- TOKと教育 ————————————————————— 16
- 知の探究的な学習と道徳教育 —————————————— 24

第2章 実践編
考え，議論する道徳をつくる 道徳的知の探究的な学習に基づいた授業モデル

- 道徳的知の探究的な授業の進め方 ————————————— 34
- 指導案でよくわかる！道徳的知の探究的な授業モデル ————— 42

A 主として自分自身に関すること
- もし，言葉がなかったら…… ——————————————— 42
- 競争は学校に必要か ——————————————————— 48
- 大人と子どもの境界線はどこか① ————————————— 54
- 大人と子どもの境界線はどこか② ————————————— 60

B 主として人との関わりに関すること
- 優しさとは何か ————————————————————— 66
- 仲間になるためには何が必要か —————————————— 72
- 〇〇中学校の生徒として大切にしたいこと ————————— 78

C 主として集団や社会との関わりに関すること

本当の優しさとは何か ……… 84
この世の中に笑いは必要か　～あなたは何を笑いますか～① ……… 90
この世の中に笑いは必要か　～あなたは何を笑いますか～② ……… 96

D 主として生命や自然，崇高なものとの関わりに関すること

環境危機を人類は止めることができるのか ……… 102
奇跡とは何なのか　～奇跡は偶然起きるのか～ ……… 108

第3章 評価編
考え，議論する道徳をつくる
道徳的知の探究的な学習に基づいた評価

■ 道徳科の評価と道徳的知の探究的な学習での取り組み ……… 116

● COLUMN ●

道徳的知の探究的な学習におけるファシリテーション ……… 32
「ふりかえり」はなぜ大切なの？ ……… 114
中学生を「モヤモヤ」させよう ……… 124

おわりに ……… 125

第1章 理論編

考え，議論する道徳をつくる知の探究的な学習に基づいた道徳教育

国際バカロレア（IB）と社会課題解決

1 社会課題先進国・日本

　日本は「社会課題先進国」と言われています。
　しかし，「社会課題"解決"先進国」とは必ずしも言えません。
　例えば，少子化です。
　この社会課題は，長らく取り組んでいますがなかなか解決に向かいません。解決どころか子どもを産む世代の女性がどんどん減っていき，どうにもこうにもならない状況にあります。団塊世代が団塊ジュニアを生みましたが，団塊ジュニアはそのジュニアを生むどころか，社会構造の変化や晩婚化などから少子化を招いています。
　少子化は，世界的に見ても先進的な社会課題です。いずれ韓国や中国でも社会課題となるでしょう。フランスは出生率を上げましたが，日本ではいまだに得策がなく，なかなか出生率が向上せず，少子化はどんどん進行するばかりで，課題解決に向かっていません。その一方で，高齢化も進んでいます。予防医療や医療技術が発達しているためです。しかも団塊世代が高齢者となり，やがて団塊ジュニアも高齢者となります。高齢者人口そのものが多くなるのです。このままだと，少ない若者が多くの高齢者を支えなければならなくなります。こうした社会課題はいずれ中国でも大きな課題となり，中国政府は日本の取り組みを注視しています。
　少子化と高齢化が合わせてやってくる時代は，地方において特に深刻です。「地方消滅」の危機はここからやってくるからです。若者や子どもがいなくなれば町や村，集落を維持することが難しくなります。高齢者のために，若者が「働き手」として走り回ります。そんなことに嫌気がさして若者が離れていけば「地方消滅」に拍車がかかります。だからといって，若者はなかなか居付いてくれません。
　「働き手」不足は地方だけではなく都会でも起きています。そのため政府は外国人労働者を受け入れるようになりました。外国人労働者とは，文化も習慣も異なるでしょうが，彼らを受け入れなければ若者の負担は大きくなるばかりです。「働き手」がなければ経済も沈滞するし，特に地方では社会が成り立たなくなる可能性も出てきます。外国人労働者を，社会がどのように受け入れていくかが問われてくるのです。彼らを包摂しつつ文化の違いを違いとして認めて理解することが求められます。
　社会課題はこれだけではありません。人工知能の進化により，職業の寿命が短くなるだろうと言われています。なくなる仕事もあれば新しく生まれる仕事もあるでしょう。ですが，そう

した変化に対応するには，学び方を学び，生涯にわたって学び続けることが求められます。折しも平均寿命が延び「人生100年時代」と言われています。60歳で定年などと言っていられないのです。60歳など，折り返し地点をちょっとだけ過ぎたところです。技術は日進月歩ですが，その技術の学び方を知っていれば新しい技術にも対応できます。知識爆発の時代に知識だけを詰め込んでもコンピューターには太刀打ちできません。そして，言われたことを間違いなく実行に移す能力もコンピューターには勝てません。囲碁も将棋も，あらゆる打ち手・指し手を学んだ人工知能には勝てないことがわかりました。こうした受動的な学習はコンピューターがもっとも得意とするところです。だからこそ，これからは能動的に学ぶことが求められるのです。

さらに言えば，人工知能の進化により，職を失い，ベーシック・インカムを必要とする層が出てくるかもしれません。そうなったとしたら，ベーシック・インカムに頼って生活をする人たちが，いかに「生きがい」を感じて生きていくかが問われるようになるでしょう。

人工知能やロボットにはできないことで，自分が楽しみながら生業をなしていくような「生きがい」や「やりがい」を求めていくことが，これまで以上に重要となります。教育再生実行会議が当初課題としていた「中下位層の学習意欲の減退」を解決するには，こうした「生きがい」や「やりがい」が重要です。「生きがい」や「やりがい」があれば，生徒はどんどんのめり込んで学んでいけるし，楽しくなるからです。

これらは学校に限らず，あらゆるところから投げ込まれる「探究のタネ」を生徒がいかにキャッチして探究的に学び，「生きがい」や「やりがい」に発展させられるかが，学校教育での大きなテーマとなるでしょう。教員の役割も，この「探究のタネ」を教科の学習に結びつけることになるのです。

また，今の状況が進めば，家庭における経済格差はこれまで以上に大きくなると考えられます。そうしたときに，経済的にも才能的にも恵まれている人たちが恵まれない人たちを包摂することで，市民社会を成立させることになるでしょう。そのとき，他人との違いを違いとして受け入れて行動に移すような「思いやり」が求められます。

2 「正解のない問い」と能動的な学習

社会には解決すべき課題が日々現れます。しかも，その課題は「正解がない問い」（正解が必ずしも一つに定まらないような問い）であり，未知の問いです。

これらの問いに取り組もうとするのが国際バカロレア（International Baccalaureate：IB）の教育プログラムです。問いを大切にして展開される授業。問いを立てることから始まり，問いの答えを考え，その答えからまた新たに浮かぶ問いに取り組む。その段階でこれまでの知識は新しい知識と結びついて新しい知識体系が構築される。こうして学習者は探究的になり，「何がわからないかがわかる」ことや「今までわからなかったことを理解できるようになる」こと

が面白くなる。そうしたことが「やりがい」に結びついていくのです。つまり，IBは「探究学習」なのです。

(1) 新旧の「問題発見・解決能力」

「問題発見・解決能力」。この言葉が頻繁に使われるようになったのは，慶應義塾大学が湘南藤沢キャンパス（SFC）を開設して以来のことです。総合政策学部と環境情報学部の2学部が設置され，自然言語としての英語，人工言語としてのプログラミングの修得が求められて，プロジェクトベースの学習が展開されました。それらの学習において重視されたものが問題発見・解決能力です。SFCが使い始めて以来，他の大学も積極的に使うようになりました。当時の問題発見・解決能力はプログラミングのバグ取りのようなものでした。問題を切り分けたり仮説を立てたりしてどこに課題があるのかを見つけて解決することを重視したものです。

しかし，今言われている問題発見・解決能力は，意見や立場が異なる人たちの，未知の課題に最善解や納得解を見出していくことが問われています。宗教対立や民族紛争にまつわる課題など，いずれも複雑でこれが唯一の正解だというものをなかなか見出せません。

一方で，高度経済成長期を経てバブル期を経験した人の多くは，唯一の正解を求めて行動したり発言したりする正解主義に陥りやすいものです。そうした人たちのグループワークではファシリテーターが求める「正解」を当てにいこうとする光景がよく見られます。また，彼らは，正解がわからないと態度を表明しない傾向があるため，「○○だと思う人，手をあげてください」と言われても手をあげない人たちでもあります。工場を運営するには，言われたことを正解と捉えて素直に行動する，正解主義である彼らは重宝されてきました。その方が生産性が上がったからでしょう。しかし，その工場にはいまや人がいなくなりロボットが生産性を上げているのです。

「問題発見・解決能力」を培うためには，唯一の正解を求めたり正解があることを前提として思考したりする「正解主義」から脱しなければならないということです。

(2) 正解主義から脱・正解主義へ

IBの初代事務局長であるアレックス・ピーターソンはこんなことを言っています。もう50年も前のことです。

「生徒が高度な教育を受けたかどうかは，試験で何点取れるかではなく，まったく新しい状況で何ができるかによって確かめられる」。[1]

今，まさに求められている「未知の問い」を解決することに重きを置いた教育を目指したのがIB教育と言えます。過去問をどれだけ解いても未知の問いに対応できるかはわかりません。なぜならば過去問は正解を一つに決めることで解決されたものですが，未知の問いは正解が一つとは限らない，「正解のない問い」である可能性が高いからです。社会は，正解主義で対応

できる正解が予め一つに決まる問題ではなく，正解が必ずしも一つに決まらない問題，つまり，脱・正解主義でしか対応できない問題ばかりを投げかけてくることでしょう。

今，脱・正解主義が求められており，それに対応すべく IB 教育が注目されるのです。

（3）センター試験から共通テストへ

文部科学省は，大学入試センター試験を廃止して，2021年度大学入学者選抜から大学入学共通テストを実施します。センター試験は正解主義ですが，共通テストは脱・正解主義です。

センター試験の現代文の問題を思い浮かべてください。問いの選択肢の中には予め正解が必ず一つだけ隠されています。それが「お約束」として存在していました。もし，正解が選択肢になかったり複数あったりしたら，その問題は廃問になるからです。正解が一つに決まっているとわかって問題を解くことと正解が一つとは限らないと思って解くのとでは思考は明らかに異なるでしょう。ですから，大学入試センター試験を廃止したのです。それゆえに，大学入学共通テストでは，必ずしも正解が一つに決まらない問題も出題することになっています。正解主義から脱・正解主義へと転換するのです。

（4）教育の質的転換

前述のように，人工知能の進化が「学び方を受動的から能動的に変える」ことを迫っています。それにともない「学習者主体」であることが求められます。今，教育は，教えることから学ぶことへと転換するのです。

IB では，生徒は能動的に学び，授業は学習者主体です。

新学習指導要領（平成29年告示）が公示されましたが，そこでは「主体的・対話的で深い学び」をスローガンにしているように，教え込むことから学習者が能動的に主体的に学ぶことへと転換しようとしています。そして，その内容が徐々に IB のカリキュラムに近づいていると捉える，IB 関係者が少なからずいます。日本の学習指導要領は，PISA 学力調査で常にトップクラスに位置する国の教育体系ゆえに，世界でも注目度が高いのです。その学習指導要領が徐々に変わっていく先に IB のカリキュラムがあり，IB が世界の教育の潮流のど真ん中にあると言えるでしょう。

3 世界平和の構築を標榜する国際バカロレア（IB）

（1）国際バカロレア（IB）とは

IB は，今から約50年前，1968年にスイス・ジュネーブで始まった教育です。ジュネーブにある国際機関で働く人たちが自分たちの子どもが出身国に帰ったときに，大学などの高等教育へスムーズに進学できるように，世界最高水準の教育をしようとしたところに端を発します。

しかし，実際には，自分たちの子どもを大学に入学させることに留まりませんでした。

では，彼らが目指した世界最高水準の教育プログラムとは，何を意味していたのでしょうか。自分たちの子どもたちを大学に入学させることだけを考えれば，当時の日本のように「詰め込み教育」を徹底すればよかったかもしれません。しかし，前述のように初代の事務局長であったアレックス・ピーターソンは，よい教育を受けたかどうかの基準を試験でよい点を取ることに定めませんでした。なぜでしょうか。

当時は，第2次世界大戦が終わったものの冷戦構造は残っていました。ベルリンも西と東に分けられたままでした。まだまだ小さな戦争があちらこちらで残っていたのです。朝鮮戦争もありました。朝鮮半島は南北に分断されました。もちろん，人々の大戦の傷痕が癒えたわけではありませんでした。広島と長崎に投下された原子爆弾は人類を壊滅させる威力をもつことがわかり，そうしたものを人類は手にしてしまったのです。強制収容所では非人道的な犯罪行為が繰り返されました。こうした状況から平和への関心は世界中で高まっていました。映画『いちご白書』で描かれたように大学では学生運動が盛んでした。国際的な機関で働く人々の関心が世界平和の構築に向かわないわけがありません。自分たちの子どもが平和な世界を築くことに貢献することを願うことも必然でした。そこで，世界平和の構築とその維持のためのイデオロギーを実現することを目指してカリキュラムを作り上げていったのです。そして，大学が有無を言わずに入学を許可する，厳正な評価に基づいた資格を付与できるようにしました。

こうした背景から，IBは世界最高水準の教育を目指したのです。

だから，試験で何点を取るかではなく，未知の課題解決をいかにできるかを求めました。

このことは，IBの使命にも強く反映されています。戦争や内戦を，血で血を洗うように繰り返したヨーロッパにIBを設立したことは，世界平和の構築に貢献することをIBの使命としたことに大きな影響を与えました。

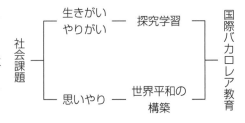

社会課題解決と国際バカロレア教育

（2）IBの使命と学習者像

IBは，多様な文化の理解と尊重の精神を通じて，よりよい，より平和な世界を築くことに貢献する，探究心，知識，思いやりに富んだ若者の育成を目的にしています。人がもつ違いを違いとして理解して自分とは異なる考えをもつ人々にもそれぞれの正しさがあることを認めることのできる人として，積極的に，そして共感する心をもって生涯にわたって学び続けるよう働きかけていく教育プログラムです。

そうしたことを，「IBの使命」と価値のある人間性を表した「IBの学習者像」が強く打ち出しています。

> **IBの使命**
>
> 　国際バカロレア（IB）は，多様な文化の理解と尊重の精神を通じて，より良い，より平和な世界を築くことに貢献する，探究心，知識，思いやりに富んだ若者の育成を目的としています。
> 　この目的のため，IBは，学校や政府，国際機関と協力しながら，チャレンジに満ちた国際教育プログラムと厳格な評価の仕組みの開発に取り組んでいます。
> 　IBのプログラムは，世界各地で学ぶ児童生徒に，人がもつ違いを違いとして理解し，自分と異なる考えの人々にもそれぞれの正しさがあり得ると認めることのできる人として，積極的に，そして共感する心をもって生涯にわたって学び続けるよう働きかけています。

> **IBの学習者像**
>
> 〈探究する人〉
> 〈知識のある人〉
> 〈考える人〉
> 〈コミュニケーションができる人〉
> 〈信念をもつ人〉
> 〈心を開く人〉
> 〈思いやりのある人〉
> 〈挑戦する人〉
> 〈バランスのとれた人〉
> 〈振り返りができる人〉

　　　　　　　　　　　　　　　　　　＊いずれも文部科学省サイト「国際バカロレアについて」より[2]

4　TOKと教育

（1）津田和男さんとの出会いとTOK

　ニューヨーク州にある国連国際学校で，40数年にわたり，IB教育を実践している，津田和男先生と対話した際のことです。

　津田さんには，ピアソン・ジャパンから発行された『セオリー・オブ・ナレッジ　世界が認めた「知の理論」』[1]という，世界のIB校で使われているセオリー・オブ・ナレッジ（Theory of Knowledge：TOK）の教材を翻訳して出版するにあたり，インタビューをお願いしました。

　TOKはIB教育の中で核をなす考え方であり，この考え方や取り組みはIBの個々の授業にも反映されます。また，TOKとは何かを簡単に言えばクリティカル・シンキングです。TOK

では知識そのものをクリティカルに捉えて，その知識は正しいと誰が決めたのかといったところまで考えるようなものです。

授業では「歴史と過去とはどう違うのか」「知識とは何か」など，いわゆる「正解のない問い」を扱います。

なぜ，このTOKの本を出版したかは，同書の巻頭に書いてありますが，TOKの考え方が日本の学校の授業に少しでも活かされたら子どもたちの明るくないかもしれない未来を少しは明るいものに変えられるだろうと考えたからです。

(2) 思考の訓練としてのTOK

できあがったTOKの本をあるトップ商社の副社長に渡したところ，ダボス会議に出かけるときに読んでくれて感想をくださいました。

「日本人がダボス会議で精彩を欠くのは語学だけの問題ではない。TOKのような，思考の基礎訓練ができていないからだ」。

日本の教育では，思考の訓練が各教科でおこなわれているものの，明示的なものではない。それゆえに，どうしてもその教科の知識・技能に焦点が当てられがちです。IBのディプロマ・プログラム（DP）では，TOKは各科目から独立して授業が設定されます。そのうえで，TOKは各科目でも扱われることになります。このようにTOKはIBにおいて核をなすものとして存在しているのです。

ぜひ，TOKの本を多くの人に読んでいただき，TOKへの理解を深めていただきたいと考えます。TOKの本は一般的に易しい言葉で書かれていますが，内容は深く難解です。一度読んだだけではなかなか理解できるものではないかもしれません。しかし，今わからなくても，TOKの本に書かれたことを反芻することで少しずつ理解が進むのではないかと考えます。こうした思考を，今の子どもたちはなかなかおこなうことができません。なぜならば忙しすぎるからです。たまには少し落ち着いて「正解のない問い」を子どもたちと考えてみるとよいのではないでしょうか。

(3) 国際バカロレア教育の実践者・津田和男さんの授業

さて，津田さんとの対話に話を戻しましょう。

ニューヨーク州の授業では手をあげた回数を数えることで評価されます。日本のように「空気を読む」と言って恐る恐る手をあげるようなことはなく，どんどん手をあげて発言します。評価の観点が授業の発言数であればそうなるでしょう。

日本とはまったく違う教室の風景です。

さらに，30年ほど前にアメリカで教えた生徒たちと再会したときに，津田さんの授業について「皆が勝手に意見を言い合っている状況に驚いた」「誰もが次々と手をあげているので隠れ

られなかった」と懐かしそうに笑っていたそうです。

　生徒の誰もが「探究する人」になることが重要です。教員は生徒たちをサポートし，自らも探究者となることを忘れてはいけません。クラスの中が安心・安全な場であり，自由に発言できるように「人の意見を否定してはいけない」「議論を教室の外にもち出さない」などのグランド・ルールをつくって浸透させることも大切でしょう。日本の学校にありがちな，他人と違う意見を言った生徒が差別されるという環境は絶対につくってはならないのです。

　津田さんはそう熱く語ってくれました。

　さらに津田さんの授業では，国際問題の一つとして，テロリストをテーマにするとのことです。テロリストのことをいかに生徒に説明するか。移民問題を抜きにしては語れないでしょうし，テロリストが出現する背景を知らなくては語れません。日本では国際問題と言えば環境問題を扱うことが多いです。テロや民族問題，宗教問題などは授業では対立した考えが如実に表れて問題が起きやすいですが，環境問題であれば扱いやすいからです。しかし，日本の生徒たちも，20年後，30年後には当たり前の多様性の中で国際問題を語ることができなければなりません。そうであれば，多様な価値観の中でどう議論させるかにチャレンジするべきでしょう。

（4）TOKと多様な価値観

　TOKのように生徒同士のディスカッションや教員と生徒による双方向の対話が中心になる授業では，生徒の発言がその質を左右します。だから，生徒が授業に出る前に十分に知識を獲得してより深く思考していればその授業はどんどん豊かになっていきます。ゆえに，これからの教員の役割も大きく変化して，単に生徒に知識を与えるだけでなく，生徒がもっと知りたい，もっと深く考えたいと思うような課題を投げかけることへと変化していき，生徒と一緒に探究する「共同探究者」としての役割を担うようになっていくでしょう。生徒が多様な考えができるようになれば，授業中の発言も多様になります。生徒が多様な価値観をもっているからこそ豊かな授業を展開できるのだから，少なくとも授業中は多様な価値観を許容して授業を展開することも求められるでしょう。一斉授業のように学習者を惹きつける授業をする教員から，学習者がいかに主体的に能動的に学べるかを引き出す教員へと変わっていくことでしょう。そして，授業の主体は教える側から学ぶ側へと変わっていきます。そうでなければ生徒が主体的に学ぶことを保障できないのですから，自ずとそちらに向かっていきます。

　こう捉えると，今おこなわれている教育改革の展望をもちやすくなるのではないでしょうか。そこにはIB教育の取り組みとTOKの考え方は十分に参考になるでしょう。

【参考・引用文献】
(1)『セオリー・オブ・ナレッジ　世界が認めた「知の理論」』(Sue Bastian, Julian Kitching, Ric Sims 著　大山智子訳　後藤健夫 編　2016年　ピアソン・ジャパン）
(2)文部科学省　国際バカロレアについて　http://www.mext.go.jp/a_menu/kokusai/ib/index.htm

（後藤健夫）

TOK と教育

1　IB と学習指導要領との関連性

　前出の通り，国際バカロレアは，前世紀の度重なる戦争・紛争に対する反省から「多様な文化の理解と尊重の精神を通じて，より良い，より平和な世界を築くことに貢献する，探究心，知識，思いやりに富んだ若者の育成」[1]を目標として誕生しました。創設50周年を迎えた現在も，国際基準のカリキュラムと厳密な評価を導入しながら教育活動を展開し，世界各地で次々と IB ワールドスクールが生まれています。

　国際的な視野をもつ学習者の育成を使命とする IB は，その教育の実現にあたり，10の学習者像を掲げています。特筆すべきは，文部科学省が IB 調査研究協力者会議で「IB の教育理念は全人教育にあり，そのカリキュラムは，学習指導要領が目指す『生きる力』の育成や，課題発見・解決能力，論理的思考力やコミュニケーション能力等重要能力・スキルの確実な習得に資する」[2]と述べているように，IB 教育の多くが平成20年版学習指導要領で提唱されている「生きる力」の育成と通じているということです。

【IB の学習者像】		【生きる力】	
Inquirers	探究する人	確かな学力	基礎的な知識・技能を習得し，それらを活用して，自ら考え，判断し，表現することにより，さまざまな問題に積極的に対応し，解決する力。
Knowledgeable	知識のある人		
Thinkers	考える人		
Communicators	コミュニケーションができる人		
Principled	信念をもつ人	豊かな心	自らを律しつつ，他人とともに協調し，他人を思いやる心や感動する心などの豊かな人間性。
Open-minded	心を開く人		
Caring	思いやりのある人		
Risk-takers	挑戦する人	健やかな体	たくましく生きるための健康や体力など。
Balanced	バランスのとれた人		
Reflective	振り返りができる人		

「IB の学習者像」と「生きる力」

　IB は，知識を教科ごとに独立させ，それを受動的に習得させる講義形式の教育スタイルではなく，知識を教科横断的で包括的な学的領域の中で体系化させ，世界や実社会と関わらせながら能動的・協働的に探究させる教育スタイルを採用しています。

　平成30年告示の学習指導要領から高校で新設される「総合的な探究の時間」の目標には，「実社会や実生活と自己との関わりから問いを見いだし，自分で課題を立て，情報を集め，整理・分析して，まとめ・表現することができるようにする」[3]というものがあります。IB の教育スタイルは，現行の「生きる力」の育成のみならず，新課程の「主体的・対話的で深い学び」を実現するうえでも一つの具体的な手がかりとなるでしょう。

2 「知の理論」とその思考法について

　先述の通り、全人教育を掲げるIBは、世界の多様な文化を理解し尊重していくことを通じて、今ある世界をよりよく変革していくことを志向するような、探究心・知識・思いやりをもつ学習者の育成を目的としています。「知の理論」は、日本でいうところの中等教育の最終2学年（高校2，3年生）に対応する「ディプロマ・プログラム（DP）」で設置されている必修科目であり、IB教育の中核をなすものです。

　DP生はTOKに取り組む中で、自らが選び、2年間で学んできた個々の教科内容を、学際的な観点から徹底的に見つめ直すことが求められます。学習者はTOKを通して、自身の知識を相対化して捉え直し、その偏狭な考え方を正していくことで、世界の知識体系のあらゆる多様性を認めていくための論理的かつ批判的（クリティカル）な思考力を身につけていくのです。

　TOKの授業では、能動的かつ自立した学習者の存在が前提として想定されています。自立した学習者とは、自身が獲得した知識を無思索に受け入れるのではなく、その知識が本当に自明のものなのかを疑い、主体的にさまざまな角度から検証していける学び手を指します。

　例えば、TOKの学習者は常に以下のような観点で物事を思考していきます。

・知識とはどのようなものか

・知識を増やす方法とは

・知識の限界とは

・知識は誰のものなのか

・知識の価値とは

・知識を"持つ"又は"持たない"とはどのような意味なのか

　TOKの担当教員は、このような学習者の思考に寄り添い、物心両面で支援することが求められます。次に、その具体的な学習と探究のプロセスについてみていきましょう。

　TOKにおける学習者の知識の体系づけのプロセスは、「TOKダイアグラム」[4]として整理することができます。このダイアグラムのように、「学習者」は、「知るための方法（言語／知覚／感情／理性／想像／信仰／直観／記憶）」や「知識の領域（ヒューマンサイエンス／数学／芸術／倫理／土着の知識の体系／歴史／宗教的知識の体系／自然科学）」といった枠組みの中に知識を置くことで、自らのもつ知識を捉え直し、新たな知を創り出していくのです。

　自分のもっている知識や考え方は個人的なものなのでしょうか、それとも社会で共有されているものなのでしょうか——TOKの学習者はこうした観点を念頭に置きながら、自分のもっている知識がどのような方法で獲得されたものなのか、また、その知識はどういった領域に属するものなのかを考え、知識自体を再構築していくことになります。これは、学習者自らが無

意識のうちに影響を受けている認知バイアス（価値観やイデオロギーの偏りといったものなど）を自覚していく作業とも言えます。

　このような知的作業は，固定化された知識を教授しがちな日本の教科学習では表立っておこなわれません。もちろんTOKも知識の認知バイアスの自覚や，問い立て自体を目標にしているわけではありません。TOKもまた探究型学習の一形態である以上，創り出した知識や立てた問いを探究していくプロセスが必須条件となります。前述の「知るための方法」や「知識の領域」も，学習者が広い視野で問いを深く掘り下げるための一つの手がかりなのです。

　ここで，TOKで問いを立てるための思考法をまとめたものが下の図です。

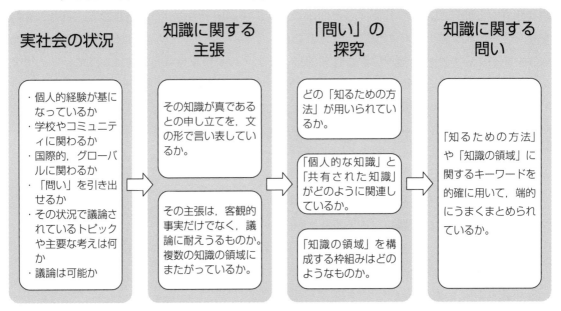

TOK 思考法(5)

　このように，TOKでは，まず「実社会の状況」から問いとして議論に耐えうるものを選択し，そこから「知識に関する主張（Knowledge claim）」を導き出す作業から始めます。さらにその「主張」が，「知るための方法」「知識の領域」のどれに該当するか，またそれが「個人的な知識」「共有された知識」とどのように関連するのかを検証したうえで，最終的な「知識に関する問い」を導き出すという手続きをとります。「知識に関する問い」は，「知るための方法」や「知識の領域」のキーワード（項目名含む）も適宜引用したうえで，短く簡潔にまとめられた命題であることが望まれます。

　日本の一般の学校でTOKの思考法を導入するうえでの最初の関門は，「問いを立てる訓練をどのように施すか」という問題ですが，IB校でない一般の学校の教育にTOKの考え方を援用する場合，TOKならではの用語や手続きに厳密に従う必要はありません。学習者が自分事として問いを考え，自由に問いを発信できる環境づくりをまずは整えましょう。

3 TOKの趣旨を踏まえた探究学習の実際

　これまでIBとTOKの概念の概要と，思考方法の特徴を述べてきました。ここからは一条校におけるTOKの趣旨を踏まえた探究学習のあり方について，灘中学校・高等学校における国語科教育の実践例を基に考えていきましょう。先にも触れた通り，TOKは学際的な観点から知識を捉え，そこから生じた問いを学習者に探究させることを趣旨としています。国語という一教科において，学際的な観点を導入するためには，学習者が獲得した知識を相対的かつ客観的に捉え直すための仕組みづくりが欠かせません。そこで今回は，その仕組みづくりの具体的な方法として，「教科外横断」と「教科内横断」を挙げながら，その具体的な方向性を示します。

　「教科外横断」とは文字のごとく，国語と他教科との相互連携によって実現する探究学習です。筆者の所属する灘中高は，7～8人の担任団がチームを組み，6年間生徒をもち上がっていく「担任団持ち上がり制」を採用しています。国語科の場合，基本的には一人の教員が現代文，古文，漢文を一人で受けもち，指導にあたります。他教科も選択教科以外はもち上がっていくので，授業方法についても教員の自由裁量が大きく，同じ担任団ならば，それぞれの教科の進度の足並みをそろえ，教科横断的な授業を展開しやすい環境にあります。

　一方，「教科内横断」とは，国語科の教科内で異なる単元や科目を横断させる手法です。具体的には，下記のような組み合わせが考えられるでしょう。

・現代文A×現代文B　例　芥川龍之介『羅生門』×関口安義『芥川龍之介』
・現代文×古文　　　例　芥川龍之介『羅生門』×『今昔物語集』巻二十九第十八
・現代文×漢文　　　例　芥川龍之介『酒虫』　×蒲松齢『酒虫』
・古文×漢文　　　　例　『平家物語』　　　　×『史記』

　従来は，「教材―授業者―学習者」の関係性の中で，授業者が教材を読解し，時に批判的に捉える姿を学習者がまねて理解していくという流れが主流でした。これはこれで一定の効果はありますが，「学習者が授業者の手を離れて，実社会で主体的に学び続けられるか」という面で課題が残ります。例えば，ある教材Aを分析するときに，学習者が教材Aに対する矛盾や違和感に気づけるような教材B・教材C……を準備することができれば，学習者は教材Aで主張されている知識が自明ではないことに気づき，比較教材の根拠を参照しながら，異なる意見をもつ者と対話を始めることができます。このような授業づくりが探究的な学びの一歩です。

　「教科外横断」も「教科内横断」も，現代文と古典を一人で受けもつことのできる灘中高ならではの取り組みですが，それぞれの授業の実践例を紹介します。

【「教科外横断」の実践例】
■単　　元：「軍記物語で描かれる史実を考えよう」
■教　　科：国語・日本史
■教　　材：『平家物語』
■対　　象：灘中学校　第２学年　全４クラス（１クラス約45名）

　平家物語の「那須与一」を教材に取り上げ，作品に対して日本史では歴史学的アプローチ（史実及び文化）を，古典では言語的アプローチ（読み物としての延慶本）を扱いました。また，最終回には日本史の時間に琵琶法師の講師を招いて，越前琵琶の弾き語りを体験しました。

　対象がまだ中学２年ということもあり，平家物語そのものを素材にして，学習者にTOKのような「知識に関する問い」を立てさせることは困難でした。１クラス40人超という状況を考えても，中学校の間は個々で問いを立てさせるというより，こちらで探究的な問いを設定し，その問いにそって考えを深めさせる授業スタイルが妥当であると判断しました。本授業で筆者が設定した「知識に関する問い」の例は次の通りです。

Ⅰ　実社会の状況………平家物語には読み本，語り本と複数の「異本」が存在する
Ⅱ　知識に関する主張…古典は，読む，語る等の用途や書き手の感情で改変される
Ⅲ　知識の領域…………歴史・芸術
Ⅳ　知るための方法……想像・感情・言語
Ⅲ　知識に関する問い…言語や想像に基づく史実は，果たして信頼に足るものか

　歴史の信憑性は，現代文の評論文において必須のテーマです。学年が上がれば，例えば「芸術は作家のものか，鑑賞者（聞き手）のものか」といった問題や，「作品が一個の芸術作品として認知されるためにはどの程度条件がそろわなければならないか」といった問題も学習者側から引き出すことも可能でしょう。

　TOK流の国語科探究授業を一条校の中学校で実践するにあたって，まず重要な観点は，「答えのない問いを探究すること」の楽しみ，協働しながら粘り強く考えぬくことの尊さを体感させることです。そのために授業者は，学習者が最も興味・関心を引くと推測される「知識に関する問い」を複数準備し，学習者の実態に合わせながら適宜提示していくことが重要です。

　同じ授業期間に日本史，国語と別の教科で同じ単元を扱うことで，学習者は異教科相互の単元に対するアプローチの仕方の重なりや違いを感じるとともに，教員が投げかけるさまざまな「知識に関する問い」を通して，問いの立て方の類型を学ぶことができます。また，問いに対する探究活動の成果の評価は難しくとも，問いの精度自体を評価対象にすることは，クラス規模が大きくとも可能です。高校で本格的な探究活動を始める準備段階として，中学３年間でどれだけ問い立ての訓練を繰り返せるかがネックになります。

【「教科内横断」の実践例】
■単　　元：「知の横断と探究」（平成29年度「全国高等学校国語教育研究連合会」研究授業）
■教　　科：国語（現代文）
■教　　材：現代文2本
　・渡辺　裕『考える耳―記憶の場，批評の眼』（春秋社）
　・小川仁志『小川仁志の〈哲学思考〉実験室』（教育評論社）
　・〈副教材〉井上志音　他『「知の理論」をひもとく』（ふくろう出版）
■対　　象：灘高等学校　第1学年　高校入学生クラス（約40名）

　「国語総合」に採録されている渡辺裕「トロンボーンを吹く女子学生」を教材に，問い立てを主軸とした探究型の学習に取り組みました。
　本教材は，トロンボーンなどの楽器のもつ性差のイメージを手がかりに，19世紀の「良妻賢母イデオロギー」まで話を掘り下げ，身の回りのさまざまな「イデオロギー」が歴史的・社会的に作り出されている実態について言及しています。記憶には集団的な側面があると主張するこの教材は，書かれていることを相対化し，自分の身に引き寄せて考えることを不得手とする学習者の課題克服を図るうえで効果的と判断しました。
　Ⅰ　実社会の状況………楽器のもつイメージには性差がつきまとう
　Ⅱ　知識に関する主張…イデオロギーは歴史的・社会的に作り出される
　Ⅲ　知識の領域…………歴史・ヒューマンサイエンス
　Ⅳ　知るための方法……言語・理性・記憶
　Ⅴ　知識に関する問い…（例）個人の記憶はどの程度，イデオロギーの影響を受けるか
　現代文は，書き手の言語による，個々の知識体系の集積と考えることができますが，そこに書かれた知識は実のところ書き手による一面的なもので，歴史的な大きな流れから見ると限定的であることも少なくありません。しかしながら，テクストに対するそうした視点は，書かれたことを正確に読み，端的に要約するという受験教育に慣れすぎた新高生（高校から外部入学した生徒）にとってはもちづらいものです。テクストとして書かれた知識や，自分たちのもつ知識を構築しているものは何か。私たちのもっている知識は他領域から眺めると確からしいと言えるか。本授業は，学習者自身によるこうした内省的な活動を通して，個々の学習者のもつ批判的思考力を伸ばすことができるようデザインしました。
　また，最終回には，『小川仁志の〈哲学思考〉実験室』を配布し，「今回教材として扱った渡辺裕氏がこのテクストを読んだ場合，どのような反論をするか想定して文章にまとめよ」という課題を課しました。学習者にとって，追加の比較教材で述べられている「記憶は自分にしかわからない」という主張は，渡辺裕氏の「記憶は共有される」という主張とは一見矛盾するように思われます。この矛盾について考える探究課題では，両テクストの論理展開や述べられている内容のおよぶ範囲，用いられている用語の意味等を正しく理解しながら，適切に比較・検討し言語化できているかどうかを評価しました。

4 おわりに

　今回の実践例は，灘の「担任持ち上がり制」という他校では見られない特性を活かしたものでした。他の学校での実践を考えるうえで，どこまで汎用性・普遍性をもちうるのかという点については課題が残りますが，TOKの考え方に根差した探究学習の一端を感じていただけたのなら幸いです。確かにTOKはIB校の科目であり，IBのミッションに根差したものですが，灘をはじめIBスクールでない一般の学校も参考にすべき点が数多くあります。各学校独自のカリキュラムや教育体制に基づいた授業・評価づくりをぜひ模索してみてください。

　実社会は多種多様な知識で溢れかえっています。そこで生じる価値観のぶつかり合いや，答えのない問題を前に，学習者はどのように知識と付き合っていくべきなのでしょうか。現実に存在する知識をありのまま直視して概念化し，そこに主体的に問いを立て，また別の実社会の状況に戻して再考・吟味していく――こうしたIBの目指す社会構成主義的な視点を参考にしながら，それぞれの学校の文脈に合わせてアレンジし，探究のアプローチに活かしていく試みが今後求められていくでしょう。

　奇しくもTOKの「知識の領域」の一つに「倫理（Ethics）」が含まれています。ここでは「倫理」と「道徳」の違いについて詳しく論じませんが，いずれも人間（ヒト）の思考に関わる概念と言えるでしょう。今後，学習者が国際的な社会で生き抜くためには，自らの考え方を基盤にしつつも，自分と異なるものを受け入れる「他者理解のまなざし」が重要になってきます。TOKの考え方を通じて倫理や道徳について深く理解していく授業の構想は，新たな学習指導要領の方向性とも矛盾しないと考えています。

　最後に，「教科内横断」のワークシート・論述課題の評価で用いたルーブリックを次のページに示します。個人活動における問いの優先順位付け，グループ活動における問いの変異の評価については課題が残るため，今後も引き続き修正・開発をする必要がありますが，参考になれば幸いです。

【参考・引用文献】
(1)国際バカロレア機構『「知の理論」（TOK）指導の手引き』2015年，巻頭の「IBの使命」参照。
(2)文部科学省「国際バカロレア・ディプロマプログラム Theory of Knowledge（TOK）について」2012年8月，2頁。
(3)文部科学省『高等学校学習指導要領』，641頁。
(4)文部科学省，前掲註(2)，12頁のダイアグラムを基に筆者補足。
(5)Sara Santrampurwala 他4人著，田原誠，森岡明美訳『国際バカロレア（IB）スキルと実践　知の理論』オックスフォード大学出版局，2015年，22-57頁を基に筆者作成。

（井上志音）

		6	5	4	3	2	1
論理的表現	実社会の状況と知識の抽出	実社会の状況・知識を正しく区別しながら，適切に抽出できている。また，それに対する独創的な意見を述べている。	実社会の状況・知識を区別しながら，概ね適切に抽出できている。また，自分の意見をわかりやすく述べている。	実社会の状況・知識の区別はできているが，抽出に一部不備が見られる。自分の意見は述べている。	実社会の状況・知識の区別があやふやで，抽出にも不備が見られる。意見は述べている。	実社会の状況・知識の区別があやふやで，抽出に不備が見られる。意見もやや稚拙である。	実社会の状況・知識の区別がついておらず，抽出方法にも問題がある。また，意見も欠落している。
	知識の分析	知るための方法・知識の枠組みを用いながら，正しく知識を分析し，思考を深めている。	知るための方法・知識の枠組みを用いながら，知識を概ね正確に分析できている。	知るための方法・知識の枠組みを用いた分析に一部漏れがあるが，分析はできている。	知るための方法・知識の枠組みのいずれかを用いた分析に問題があり，妥当性の検証が弱い。	知るための方法・知識の枠組みを用いた分析に問題があり，妥当性の検証ができていない。	知るための方法・知識の枠組みを理解しておらず，分析が破綻している。
	根源的な問いの質	知識の分析を基盤に，各用語を適切に用いることで，別の実社会に通じる高次の問いを構築できている。	知識の分析を基盤に，各用語を適切に用いることで，概念的な問いを構築できている。	知識の分析を基盤に，各用語を適切に用いているが，問いが教材の内容にとどまっている。	知るための方法や学問領域の用語をあまり用いず，問いも教材の内容にとどまっている。	知るための方法や学問領域の用語をあまり用いず，問いも閉じている。	知るための方法や学問領域の用語を一切用いず，問いが成立していない。
	全体構成	実社会から問いまでが論理的に組み立てられている。また記述の順番・段落と段落のつながりが明確で，わかりやすい構成になっている。	実社会から問いまでが論理的に組み立てられている。また記述の順番・段落と段落のつながりが概ねよく，わかりやすい構成になっている。	実社会から問いまでが論理的に組み立てられている。段落のつながりがよくない部分があるものの，記述の順番が明確でわかりやすい構成になっている。	実社会から問いまでの概略をたどることができる。段落のつながりがよくない部分があるものの，論の展開は概ねよい。	論の展開や段落のつながりがよくない部分があるものの，実社会から問いまでの概略をたどることができる。	実社会から問いまでの概略をたどることができない。
文章表現	表現ルール	指定されたフォーマットを使い，発表時間が守られている。		指定されたフォーマットを使い，発表時間も概ね守られている。		指定されたフォーマットに従わず，発表時間も守られていない。	
	本文の引用	本文の表現の引用がしっかりなされており，論の展開において適切に用いている。	本文の表現の引用に一部不備が見られるが，論の展開において概ね適切に用いている。		本文の引用が一部見受けられるが，要約が粗く，論の展開の補強にまで至っていない。		本文の引用が一切なされておらず，論の展開も稚拙である。
	文法語彙	文法上の誤りがほとんどない。発表にふさわしい文体・語彙・表現が使える。	文法上の誤りがややあるものの，発表にふさわしい文体・語彙・表現が使える。		文法上の誤りがあるものの，発表にふさわしい文体・語彙を使う努力が見られる。		文法上の誤りが多く，発表にふさわしい文体が使えていない。

評価ルーブリック例

知の探究的な学習と道徳教育

1 「特別の教科　道徳」で目指されていること

　2018年度から小学校で，2019年度から中学校で「特別の教科　道徳」（以下道徳科）が完全実施されることになりました。従来の道徳の時間の課題としてあげられたのが，「各教科に比べて軽視されているということ」「読み物の登場人物の心情理解のみに偏った形式的な指導に陥りがちなこと」「わかりきったことを言わせたり書かせたりする授業になりがちなこと」でした[1]。

　つまり，道徳の教科化の背景には，道徳を教科にすることによって他教科と同等の位置づけにする，要するに年間35回（小学校1年生は34回）の授業を確実に実施するというカリキュラム上の目的があるということがうかがえます。

　続く教科化の目的は，授業方法の改善にあるとみることができます。読み物教材の心情理解に偏った指導，そしてわかりきったことを書かせたりする指導からの脱却を図るべく，キーワードとして出されたのが「考え，議論する道徳」であり，その転換が提唱されました。つまり，読み物教材を単に「読む道徳」ではなく，また教師の説話を単に「聞く道徳」でもなく，児童生徒自らが道徳的価値に向き合い考え，他者との対話の中で考えをさらに深めていくという新しい道徳の授業が目指されたのです。

　学習指導要領の解説では次のように述べられています。「道徳科の授業では，特定の価値観を児童に押し付けたり，主体性をもたずに言われるままに行動するよう指導したりすることは，道徳教育の目指す方向の対極にあるものと言わなければならない。多様な価値観の，時に対立がある場合を含めて，自立した個人として，また，国家・社会の形成者としてよりよく生きるために道徳的価値に向き合い，いかに生きるべきかを自ら考え続ける姿勢こそ道徳教育が求めるものである」[2]。

　ここにはこれからの道徳科の授業を考えるにあたって，非常に重要なポイントが示されています。それはまず，教師や大人といった誰かの価値観を押しつけるのではなく，児童生徒が価値観を形成する主体者であるということです（もちろん，価値観を抜きにした教育活動を展開することは不可能ですので，一定の価値観の「伝達」はありうるでしょう。あくまでそれを絶対的なものとして児童生徒に強制的に押しつけるのではなく，「私はこう考えるけど，みんなはどう考える？」といった形で検討する余地のあるものとして生徒に提示することは問題ないと思います）。生徒が道徳的価値に向き合っていくことによって，自ら道徳的価値に対する考

えや解釈を深め，それが今後よりよく生きていくための価値観の形成につながっていくということを示しています。

第二に，道徳的価値を考え抜いていく姿勢が大切であると述べられていることです。すでに準備されたものとしての道徳的価値を「知ること」（教師の立場からは，道徳的価値を「伝達していくこと」）が道徳科の役割ではなく，その道徳的価値についてじっくりと考えを巡らせていくことこそ大切であると指摘している点です。

このように，道徳科の授業はこれまでの道徳の授業よりもより一層「考えること」を重視してきていることがわかります。

2 「考える道徳」の背景にある思考力重視の教育政策

小学校は2020年度から，中学校では2021年度から完全実施を迎える新学習指導要領（すべての教科，教科外を含むもの）は，資質・能力の育成を大きな柱としています。学習指導要領改訂に向けて中央教育審議会では長期間にわたって論議が交わされたわけですが，その論議の基盤となったのが「知り得た知識をどう用いていくのか，活用していくのか」という視点，すなわち「資質・能力」の視点を踏まえた学習指導要領の再検討でした。

教育再生実行会議で道徳の教科化が提言された時期（2013年）は，実はまだ学習指導要領本体の改訂に向けての審議すら始まっていませんでした（中央教育審議会へ次期学習指導要領改訂に向けた「初等中等教育における教育課程の基準等の在り方について」（諮問）が出されたのは2014年です）。道徳科は「一部改正」という形で2015年に学習指導要領を告示しましたが，その際に大きな影響を与えたのが国立教育政策研究所が提示した「21世紀型能力」のモデル（右図）でした。このモデルでは，「思考力」が中核となり，それを支える「基礎力」とその使い方を方向づける「実践力」という三層で資質・能力が示されました[3]。学校教育法第30条において学力の三要素が提示されており，そこにおいても思考力等が挙げられています。今後の学習指導要領改訂でも，より思考力を重視する方向性になるだろう，その思考力とは，問題解決能力や課題の発見力，論理的・批判的な思考力であり，そういった思考力が学習活動において育成されていくであろうという目論見の中，道徳科においても次期学習指導要領との一貫性をもたせるために，思考力，すなわち考えることを重視する道徳の授業が目指されたのです。

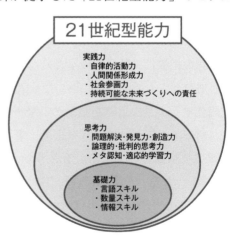

国立教育政策研究所「教育課程の編成に関する基礎的研究　報告書5　社会の変化に対応する資質や能力を育成する教育課程編成の基本原理」2013年より

3 「熟慮する」ということの重要性

　このように，次期学習指導要領では，特に「思考力」という考える力が重要視されていますが，私たち人間は日常生活を送るにあたって，実は考えているようでそれほど考えてはいないということが明らかになってきました。心理学者であり行動経済学者であるカーネマン（D. Kahneman）が『ファスト＆スロー』という書籍の中で，私たちには早い思考（システム１：直観や感情）と遅い思考（システム２：論理的，熟慮）が存在することを示しました。つまり，システム１は努力せずに自動で動く頭の働き，システム２はシステム１が処理できないときに働き始める思考の働きであると言えます。

　カーネマンは次のように述べています。

　「たいていの人は，結論が正しいと感じると，それを導くに至ったと思われる論理も正しいと思い込む。たとえ実際には成り立たない論理であっても，である。つまりシステム１が絡んでいるときは，はじめに結論ありきで論理はそれに従うことになる」[4]。

　つまり，直観的に正しいと思って選んだ「答え」は，たとえそれがプロセスにおいて間違っているとしても，私たちはそれを正しいと思い込んでしまうということを指摘しています。

　例えば，次のような問いを考えてみましょう。

> 　バットとボールの金額は合わせて1100円です。バットはボールより1000円高くなっています。ではボールはいくらでしょうか？

　おそらく多くの人の頭に浮かんだのは，「100円」という解答なのではないでしょうか。しかし，100円で確かめてみると間違っていることに気づくはずです（ちなみに正しい答えは本節の最後に載せておきます）。

　同様の指摘は，社会心理学者のハイト（J. Haidt）もおこなっています。彼は，『社会はなぜ左と右にわかれるのか』において，人間は感情に始まり，その感情に合致するような，感情を正当化するような道徳判断をおこなっていることを指摘しました[5]。つまり直観的に選んだ事柄に対して，後づけでそれを正当化するような理由を一生懸命考えるということです。彼はこの状況を感情という「象」を乗りこなす「象使い」（理性）に例えて表現しました。最初に「いい！」と思った事柄に対しては，それを支持するようなもっともらしい理由を考え，逆に「だめだ！」と思った事柄に対しては，だめである理由を考え続けるというのです。

　ハイトは多くの実験をおこなっていますが，例えば次のような文章を読んで，それが道徳的に正しいことか間違っていることなのか，なぜそのように考えるのか理由を問いました。

> ある家族が飼っていた愛犬が，自宅の前で車にひかれて死んだ。「犬の肉はおいしい」と聞いていたこの家族は，死がいを切り刻んで料理し，こっそり食べた。

　多くの人たちはこの問いに対して嫌悪感をあらわにし，これが間違っている行為であることを説明しようと試みました。しかし，道徳的に間違った行為かどうかについては合理的に説明をすることができませんでした。

　このように，まず感情や直観が存在して，その後に思考があるという考え方は，これまでの道徳心理学の考え方とは大きく異なるものでした。モラルジレンマで有名なコールバーグ（L. Kohlberg）は，道徳的判断に力点をおいて論じていましたし，感情についてもそれがどのような感情であるかを理解するためには，認知の力が必要であると説いていました。そして，このような考え方が一般的だったのです。現在ではカーネマンやハイトの捉え方が有力視されてきています。

　さて，カーネマンやハイトが言うように，人間が直観に従って（システム1の思考で）判断を下していくというのであれば，私たちは本能の趣くままに生きるしかないのでしょうか？そうではありません。だからこそ，ちょっと立ち止まって「熟慮する思考」（reflective thinking）が，なおのこと必要とされるのです。

　今から100年も前にデューイ（J.Dewey）は，別の角度からこのことを指摘していました。彼は，「盲目的で気まぐれな衝動」と「熟慮」とを分けて論じていました。彼は思考ないし熟慮とは，「われわれがなすことと，生ずる結果との間の，特定の関連を発見して，両者が連続的になるようにする意図的な努力」[6]とまとめています。このように，熟慮することとは反省的に物事を捉えること，つまり自分の考え方や思考そのものを意識的に振り返って，それを関係づけていくことを意味します。本書では，「関係づけていくこと」からさらに発展させて，自分の「当たり前」や「常識」を改めて捉えていくこと，そして，他人が言っていることを「本当にそうなの？」と立ち止まって考えてみることを含めて「熟慮する」という意味で用います。

　例えばニュースで「青少年のインターネット依存が深刻である」とコメンテーターが言ったとしましょう。電車の中でスマートフォン画面をずっと見つめる若者を思い出して，ましてや，スマートフォン画面しか見ていない若者に嫌悪感を抱いていたら，「そうそう，そうだよね」と，このコメンテーターに賛同するかもしれません（感情を正当化する判断理由づけの表れです）。しかし，これでは「熟慮する」には至っていません。もしかしたら，自分が見ている若者だけがネット依存に見えているだけかもしれませんし，そもそも「インターネット依存」と言えるのはどの基準からなんだろうとか，なぜ青少年はインターネットの世界に浸ってしまうんだろうとか，インターネットのメリットとデメリットは何だろうとか，考えていくことは山のようにあります。要は，通常は思考停止して終わってしまうところを，あえて「なぜ？」，

「どうして？」と問い直していくことが、「熟慮していく」ということにつながります。

「考える道徳」がこれからの道徳授業のキーワードになっています。この「考える」が、直観的に選んだものをもっともらしく正当化していくという意味での「考える」にとどまってしまうのではなく、直観的に選んだことをも検討の視野に入れて、改めて自分の考えや他者の考えを問い直して関係づけていくという意味での「考える＝熟慮的思考」が求められてくるでしょう。そしてその可能性を秘めているのが、本書で取り上げる知の探究的な学習に基づいた道徳教育なのです。

4 知の探究的な学習に基づいた道徳が目指す育成したい力

「知」そのものを問い直していくことで実績のあるIBやTOKについてはすでに前節で説明されていますので、ここでは道徳教育、特に道徳科との関連性について考えていきましょう。

TOKでは、「私が知っていること」（個人の知識）と「私たちが知っていること」（共有された知識）とを区別して考えます。TOKはもちろん道徳教育に特化したアプローチではありませんが、道徳を考えるにあたってもこの区別は非常に大切になってきます。というのも、私たちが道徳について何かしら語る際には、「道徳的価値観」をベースに話をするからです。道徳的価値観とは、道徳的価値に対する各人の捉え方や解釈、またそれに基づいた信念なども該当します。当然、この価値観はそれぞれが育った環境や生育歴、あらゆる経験から形成されていきますので、自分と似たような価値観をもっている人もいれば、まったく異なった価値観をもっている人もいます。それはごく自然なことです。

私たちは自分の道徳的価値観について、普段からそこまで自覚的ではありません。自覚的にならざるを得ないのは、他者と関わっているときであり、特に意見の対立や争いが生じたときです。しかしながら、対立や争いが生じてしまったときは、すでに「私の意見（価値観）こそが正しい」というある種の「思い込み」に支配されていることが多々あります。そこで必要になってくるのが、改めて自分の考え方そのものを問い直すという視点、つまり自分の考え方や常識が必ずしもすべての人にとってはそうではないということに気づいていくことです。

道徳的知の探究的な学習は、まさにこの「自分にとっての当たり前」（道徳的価値観）を批判的に捉えていくところに特徴があります。「道徳的知」とは、道徳に関して各人が有している価値観を意味します。それを批判的に探究していくのが道徳的知の探究的な学習です。ここでいう「批判的」とは、自分や他者を否定するという意味ではなく、私は一体どういう価値観に基づいて物事を考えているのだろうか、私たちのものの見方や考え方は本当に共有できているのだろうか、ということを改めて問い直すということを意味しています。このように、道徳的価値観に対して改めて問い直していくという「批判的思考」（critical thinking）を育成していくことが、道徳的知の探究的な学習で目指されている点であると言えるでしょう。

ではこのような学習は,道徳科では認められてないのでしょうか? 決してそうではありません。学習指導要領によると,道徳科の目標は,次のように設定されています。

> よりよく生きるための基盤となる道徳性を養うため,道徳的諸価値についての理解を基に,自己を見つめ,物事を(広い視野から)多面的・多角的に考え,自己の(人間としての)生き方についての考えを深める学習を通して,道徳的な判断力,心情,実践意欲と態度を育てる。
>
> (カッコ内は中学校)

もう少し詳しく見ていきましょう。ここでは,道徳性を養うという目的のために,諸々の学習活動を踏まえていくことが明記されています。つまり道徳の授業として成立するためには,
　①道徳的諸価値の理解(前提)
　②自己を見つめる(自己内対話)
　③広い視野から多面的・多角的に物事を考える(多様な視点)
　④自己の(人間としての)生き方について考える(将来への展望)
という4点を満たしておく必要があるということになります。それぞれの点について道徳的知の探究的な学習との関連を考えていきましょう。より詳しくは,第2章の実践をご覧になってください。

この学習それぞれの取り組みでは,道徳的価値そのものを授業のテーマにしています。必ずしも学習指導要領の内容項目に一致しないテーマ(例えば「笑い」など)が選択されている場合もありますが,その場合は,複数の内容項目が扱われています(詳しくは第2章を参照)。授業において道徳的諸価値に焦点をあて,それについて深く考えていくという道徳的知の探究プロセスそのものが,道徳的諸価値の理解に結びついています。①については,授業の大前提になっているために問題ありません。

道徳的知の探究的な学習は,自分の道徳的価値観そのものについて問い直すというプロセスを経ているために,②の「自己を見つめる」という点に関してもクリアできています。中学校学習指導要領解説において,「様々な道徳的価値について,自分との関わりも含めて理解し,それに基づいて内省することが求められる」と示されているように,道徳的価値に対する自らの見方や考え方を捉え直すことは,道徳的価値に対する省察を深めていくことになります。

またこの学習は個人の作業に終止する授業ではありません。自分の道徳的価値観について問い直した後には,必ず他者との交流が含まれます。そこにおいて,他者の捉え方や考え方を知ることになります。それはすなわち,③の多様な視点について生徒たちが知ることにつながります。

まとめには,「ファイナルアンサー」という自分の考えを最終的に表現する場面が設定されています。そこでは他者との意見交流を踏まえて,改めて自らの考え方を表していくことが保

障されており、これからの自分の軸となる考え方や基準を見出す時間になっています。中学校学習指導要領解説には次のような表記がなされています。「誰かの人生ではなく一人一人が自分自身の人生として引き受けなければならない。他者や社会、周囲の世界の中でその影響を受けつつ、自分を深く見つめ、在るべき自分の姿を描きながら生きていかなければならない。その意味で、人間は、自らの生きる意味や自己の存在価値に関わることについては、全人格をかけて取り組むのである」。④のこれからの生き方について考えるということは、今後の生き方に対して、自らの指針や基準を見出していくことであり、ファイナルアンサーの時間は、まさにそのための時間であるといってよいでしょう。

　このように、道徳的知の探究的な学習は私立学校の特殊な道徳の実践ではなく、より広く一般化可能な道徳の実践であるということができます。

5　小中学校において道徳的知の探究的な学習を実施する意義

　道徳科では検定教科書が導入され、多くの先生は教科書に基づいて道徳科の実践をおこなっているかと思います。教科書は非常に便利なもので、すべての内容項目（小学校低学年は19項目、中学年は20項目、高学年と中学校は22項目）が網羅されており、教科書に基づいて授業を実施すれば年間35回の道徳の授業ができるように構成されています。また各教科書会社は創意工夫を凝らして、内容項目だけではなく情報モラルや現代的な課題（例えば、いじめや食育、健康教育、防災教育、法教育、国際理解教育、キャリア教育など）にも対応する教材を準備しています。

　しかし、年間35回の授業すべてを教科書のみの使用で実施しなければならないわけではありません。中学校学習指導要領では次のように明記されています。「生徒の発達の段階や特性、地域の実情等を考慮し、多様な教材の活用に努めること」。また解説には、次のように示されています。「道徳科においても、主たる教材として教科用図書を使用しなければならないことは言うまでもないが、道徳教育の特性に鑑みれば、各地域に根ざした郷土資料など、多様な教材を併せて活用することが重要である」。つまり、教科書の使用義務はあるものの、多様な教材の使用を決して禁止しているわけではないのです。

　道徳科の授業を実施するにあたって、遵守しなければならないのは、年間の学びにおいて内容項目をすべて網羅することです。つまり中学校であれば、22の内容項目を年間35回の道徳科で扱っていく必要があるということです。しかし、35－22という引き算をすれば、年間13回の「余剰分」が出てきます。この余剰分が情報モラルや現代的な課題にあてられる場合もありますし、重点項目として各学校で扱われる内容項目にあたるかもしれません。あるいは年間指導計画の中で、各教師が目の前の生徒たちにさらに考えを深めてもらいたいとねらう内容項目かもしれません。

道徳的知の探究的な学習は，一つの内容項目に焦点を絞って授業で扱うというよりも，ある事象を扱うことによって複数の内容項目を同時に考えながら深く追究する授業構成になっています。例えば，「この世に笑いは必要か：あなたは何を笑いますか」という授業では，「笑えること」と「笑えないこと」の境界線がどこにあるのかを，さまざまな資料を参考に探っていく授業構成になっています。生徒はこの授業の中で「思いやり」，「礼儀」，「相互理解」，「よりよい学校生活」，「よりよく生きる喜び」といったさまざまな内容項目の観点から笑いについて捉えていきます。つまり，1回の授業で複数の道徳的価値について学んでいく可能性を秘めているのです。

　かつては，一つの授業では一つの内容項目しか扱ってはいけないという暗黙のルールがありましたが，道徳科の目標に「道徳的諸価値についての理解を基に」とあるように，一つの内容項目あるいは道徳的価値のみに焦点をあてる必要はありません。むしろ，私たちに「考える」きっかけを与えてくれるのは，複数の道徳的価値が対立したり葛藤したりして存在するときです。あるテーマに基づいて複数の道徳的価値について考えていくときに，私たちは道徳的価値をさまざまな角度から，「立ち止まって熟慮していくこと」が可能になるのではないでしょうか。

　すべての道徳科の授業を道徳的知の探究的な学習に基づいて実施するというよりも，さまざまな道徳的価値について学んだ後に道徳的知の探究的な学習を取り入れて，改めて複数の道徳的価値について「熟慮してみる」というのもいいかと考えています。

●ボールとバットの問題の答え

　ボールが100円だと，ボールより1000円高いバットの値段は1100円になってしまい，合計金額は1200円になります。正しい答えは，ボールは50円になります。バットはボールより1000円高いので，バットの値段は1050円，合計すると1100円になります。

【参考・引用文献】
(1) 文部科学省「道徳教育の抜本的改善・充実」2015年3月。
(2) 文部科学省『小学校学習指導要領解説　特別の教科　道徳編』2017年7月，16頁。
(3) 国立教育政策研究所『社会の変化に対応する資質や能力を育成する教育課程編成の基本原理』2013年3月，26頁。
(4) D.カーネマン著，村井章子訳『ファスト&スロー：あなたの意思はどのように決まるか？（上）』早川書房，2014年，86頁。
(5) J.ハイト著，高橋洋訳『社会はなぜ左と右にわかれるのか：対立を超えるための道徳心理学』紀伊國屋書店，2014年。
(6) J.デューイ著，松野安男訳『民主主義と教育』岩波書店，1975年。

（荒木寿友）

道徳的知の探究的な学習におけるファシリテーション

　本書の実践編でキーワードになるのが，ファシリテーションです。最近でこそ一般的な言葉になりつつありますが，ファシリテーションとは一体どのような意味をもっているのでしょうか。ここでは「ワークショップとファシリテーター」，「講義と教師（ティーチャー）」の役割と比較しながら考えてみましょう。予め断っておきますが，ファシリテーターと教師の優劣をつけるために比較しているのではありません。学校教育においては両方の役割が必要とされます。

　ファシリテーション（facilitation）とは，「促すこと，促進すること」を意味します。参加・体験型の学びと言われているワークショップなどで場の進行などを任される人のことを，ファシリテーターと呼びます。ファシリテーターは参加者の気づきや想像，何かを生み出していくことを，まさに「促していく」役割を担っています。ワークショップでは何かしらのコンテンツ（内容）を教え伝えることではなく，あるテーマについて参加者がどう考えるのか，どう見ているのか，あるいは新しいビジョンを創り出していくためにどうすればいいのか考えるために開かれますので，参加者の頭（心）の中にある「答え」をうまく引き出していく必要があるのです。

　これに対して，教師はまさに「教える」（teach）ということが大切な役割になってきますので，何かしらのコンテンツを教えていくことが教師の役割と言えます。ワークショップとの対比で考えるならば，ワークショップが参加者から答えを引き出してくる手法を取るのに対して，講義では参加者の外側にある，一定の知識を伝えること，言い換えれば，知識内容などを参加者に注入していくことが前提となっています。講義を意味するlectureの語源は「読む」こと，つまり，教師が講義ノートを読み上げていくことを表しています。参加者はただそれを「受け入れていくこと」が講義の意味するところであり，教師は教育内容を教えていくのです。

　道徳的知の探究的な学習は，選ばれたテーマに対する教師の考えを教え込んでいくスタイルではありません。むしろ，生徒自身が自分の考えていることを問い直し，他者の考えを知り，新しい道徳的価値観を形成していくことがねらわれています。そのためには，生徒がアイデアをどんどん出していくような声かけが必要になってきます（第2章を参照ください）。

　ファシリテーターは，「参加者は答えをもっている。私はそれを引き出すだけ」という前提に立ってファシリテーションをおこないます。道徳でファシリテーションをおこなう際にも，この前提に立って，生徒の中から多様な考え方を引き出してもらいたいと思います。

（荒木寿友）

第2章 実践編

考え，議論する道徳をつくる道徳的知の探究的な学習に基づいた授業モデル

道徳的知の探究的な授業の進め方

1 授業づくりのポイント

　道徳的知の探究的な学習を用いて道徳の授業をおこなうことは，決して難しいことではありません。慣れないうちは本書に取り上げられている指導案をそのまま用いて授業を実施し，慣れてきたならば，先生ご自身でテーマや教材を決めて授業をつくっていってほしいと考えています。

　これまでの道徳の授業は，授業で扱うテーマや内容項目によってワークシートの構成や指導方法が異なり，また教員の価値観の違いから指導のアプローチが大きく異なってくることもありました。

　道徳的知の探究的な学習では，「個人的な主張」，「意見の共有」などすでに準備された思考方法がいくつかあるため，それをワークシートの型として導入することで，どのようなテーマに対しても同じ形式で取り組むことができます。これによりテーマが変わっても常にほぼ同じ授業形式での思考方法に生徒が慣れるため，生徒・教員ともに授業への取り組みが習熟していくことができます。

　本章では，道徳授業づくりの特徴を「授業のルール」，「授業の流れ」，「問いの設定と教材選び」，「教員の役割」という点からまとめていきます。

2 授業のルール

　道徳の授業開始時には，授業における「グラウンドルール」を生徒に共有することから始めることにしています。いわば，これから始まる学習に向けての「心構え」を確認するための時間になります。例えば，「クラス会議」では，「聞いていることを態度で示す，優しく言う，人を責めない」[1]といったことをルールとして示していますが，道徳的知の探究的な学習では下記のルールを授業の導入部で生徒に示します。

ルール①　答えのない問いに対して，深く考える

　1＋1＝2のように一つの答えを出すことではなく，提示される問いに対して多面的・多角的に考えることが重要であることを意識づけさせます。これまでの明確な一つの答えを導き出すことではなく，新しい発見を愉しめることが本当の学びになることを示します。

ルール②　相手の意見を否定しない

　答えのない問いであるからこそ，多面的・多角的な意見が出て当然です。グループ内で発表する中で意見を否定してしまうと，どうしてもグループ内の議論に活発ではなくなってしまいます。この意識づけができると生徒は安心感をもち，多くの意見を交換できるようになります。

ルール③　相手の意見に対して質問をする

　相手の意見を否定しないことができたとしても，道徳的知の探究的な学習ではさらにもう一歩先を目指します。それは相手に質問をするということです。質問するということは，生徒にとっては難しいものです。出た意見に対して質問するということは，常に考えていなければできません。何かを知りたいという好奇心や物事を考える論理的思考力が養われます。質問例などを教員から授業前に伝えておくことで，どのように質問をすればいいのかイメージをもたせておくことが重要です。

ルール④　相手の意見をしっかり聞く

　そもそも相手の意見を聞けていないと意見や質問をすることができません。相づちや共感などのアクティブリスニングはもちろんのこと，聞くことの重要性を認識させることが必要です。

　以上，四つのルールを基に授業を展開していくことを伝えます。そのうえで，授業の流れを説明していきます。

3　授業の流れ

授業の流れ①　「問い」から「個人の主張（ファーストアンサー）」を作成する

　まず，最初に教員からその時間に扱うテーマに基づいた「問い」を出題します。教員からの「問い」に対しての「個人の主張（ファーストアンサー）」をワークシートに記入します。どのような意見でもいいので，「問い」に対して，多くの主張や主張をつくるうえでの根拠などを付箋紙等を用いて箇条書きで記載していきます。時間としては5分程度とり，黙って一人で思考させます。友達と相談することはあえてさせずに，一人で考えさせることが重要です。はじめはなかなかうまく主張をつくることができない生徒も多くいますが，授業スタイルや思考する習慣が身につけば，おのずと主張をつくることができるようになります。

　この主張をつくるうえで，なぜそのような主張になったのかという「根拠」を明確にさせることを重要視させます。自分の根拠に着目させ，根拠を作成することによって，論理的に物事を捉えられるようになってきます。根拠が，主張の土台であるということも徐々に気づき始めるのです。

付箋紙を使用する目的としては，グループで共有するときに可視化できること，発表が苦手な生徒でも発表しやすいようにするためです。どうしても自分の意見に自信をもてない生徒もいるので付箋紙に書く方法は有効です。

授業の流れ②　「意見の共有」（グループディスカッション）をする

　できあがった「個人の主張」をグループで共有していきます。「意見の共有」は，「個人の主張」を付箋紙に書いたものをポスターに貼り，意見交換していくことでなされます。グループ内で司会役とタイムキーパーを決め，司会役がグループでの意見を発表させ，まとめていきます。そこで個人の主張と他者の主張との比較，どこまでが自分の主張と重なっているのか，どこが自分の主張と違うのかなど，主張の境界線を自ら見つけることで新たな価値観に触れていきます。同時に他者が「なぜそのように思考するのか」など，新たな価値観に触れることから新たな疑問がわいてくるので，相手に質問をすることができます。このようにして「意見の共有」をすることによって，「主張を述べる→主張を聞く→新しい価値観に触れる→新たな主張ができる」という思考のサイクルができあがります。

　すでに第1章で述べられているように，「知の理論」では，「個人的な知識」と「共有された知識」という概念があります。私たちそれぞれがもっている知識は，自分自身がこれまでに獲得してきた知識や，やり方についての知識（方法知）と組み合わせられて「個人的な知識」（私は知っている）を形成します。一方，自分の内面で形成された知識と自分以外の他者との間で共有し構築された知識（私たちは知っている）が，「共有された知識」となっていくのです。こういった二つの知識の形態を探究し，比較することで新たな価値の捉え方に気づいていくのです。

授業の流れ③ 「意見の共有」を整理する

　「意見の共有」をするときに，司会者が中心となって，付箋紙に書いた意見の内容をカテゴリー別に分類しておきます。そうすると自分の意見と他者の意見の違いが明確になっていく部分が出てきます。そして，類似している意見であっても根拠が異なることから，相手が「なぜそのような考えになったのか」などの質問をし，思考を深め新たな価値観に触れることができます。改めて整理された付箋紙を見ながら，また自分でディスカッションのメモなどを見ることによって，しっかりと自分の頭の中を整理することができます。この時間をとらずに，次に進んでしまうと頭の中が整理されず，何を次にすべきなのかということが曖昧になってしまうことが出てきてしまいます。拡散された思考をまとめていくことによって，思考に深まりが出てきます。

授業の流れ④ 「個人の主張」を再構築する

　「意見の共有」を終えて，改めてもう一度個人で深く考える時間をとります。問いに対しての「個人の主張（ファイナルアンサー）」をつくることで深い思考につながっていきます。多面的・多角的なものの見方ができ，ワークシートに記載する内容が深まってきます。中には，ファーストアンサーとファイナルアンサーが同じ生徒もいます。たとえ同じ主張であっても生徒の内面では，多くの意見を聞いたことや自分の発言をしたことではじめの主張が深まり，何かしらの変化や新たな価値観が芽生えているケースが多くあります。

授業の流れ⑤ グループ発表をする

　それらを踏まえ，グループの意見をまとめ発表していくのですが，多くの意見が出る中で一つの答えにまとめることは，道徳的知の探究的な学習の授業ではする必要がありません。ゆえに，ここでのグループ発表は，「このグループではこのような意見が出ました」という報告と

いった方がいいかもしれません。グループ内でディスカッションすることで個々人が新たな価値観に触れたことと同様に，クラス内でもグループ間の「意見の共有」をするというイメージをもっていただくのがいいでしょう。発表時間は各グループ２～３分程度でおこないます。すべてのグループの意見をお互いに聞き合い，質疑応答をしながらさらに思考を深めていくことを目的としています。

授業の流れ⑥　新たな気づき，学びを記入する

　ワークシートの最後に新たな気づき，学びという欄を設けています。50分の授業時間内に終わらない場合もありますので，ここについては宿題にしてもかまいません。授業内で個人で思考し，グループの価値観に触れることで，新たな疑問がわいてくることが多くあります。グループ内で議論・質問しきれないことも多くあるので，このワークシートに記載する生徒も多くいます。実はここがポイントなのです。

　この授業の一番の目的は「問いを立てる」ことです。出てきた問いに対して，考え議論することを繰り返していく中で，自分だけでは知りえない知識や価値観にたどり着き，新たな疑問が浮かび上がってきます。この「新たな疑問」が，実は自分なりの「問いを立てること」になるのです。

授業の流れ⑦　自己評価をする

　授業後には，自分自身で授業中の取り組みについて自己評価をおこないます。自分でリフレクションをすることで，自分を見つめ，次の学びに向かって調整していくことが可能になり，次回への意識も大きく変わります。以下の４項目を４段階で自己評価していきます。
　①「自分で」一生懸命考えられた
　②「人の意見」に耳を傾けられた
　③考えを深める「質問」ができた
　④相手の意見を受け入れ，自分の考えを「深め」られた

教員から出題される「問い」の部分だけは毎時変更されますが，授業の進め方，グループワーク，ワークシートの記入については，毎時間同じ形式で記入させていきます。この流れで物事を深く考え，多面的・多角的に見られるようになると道徳の授業以外の各教科の授業内でも質問の質，レポートの内容にも変化が起きてきます。

4　問いの設定と教材選び

　教員から提示される「問い」によっては，思考する幅が狭くなり，議論の広がりがないものになってしまいます。端的に言えば，答えがいくつもある「問い」がよい問いであり，答えが一つになる「問い」は道徳的知の探究的な学習には向いていないということになります。つまり，「問い」の設定については，抽象的であり，かつ中学生が考えやすい実社会にある身近な問いであることが望ましいでしょう。問いを設定する際には，学習指導要領に示してある内容項目に沿うことも前提になります。内容項目には短く文章で示されたものと，単語で道徳的価値が示されたものが併記されていますが，この道徳的価値そのものを問うことも，道徳的知の探究的な学習では十分に問いになりえます。例えば，「本当の優しさとは何か」（思いやり，親切）などはこれに該当します。

　生徒が関心をもちやすい教材内容は，例えば日常生活にあるようなこと，学校行事や生徒指導上の内容などであると，生徒は考えやすく議論も深まります。また生徒にとって興味や関心，「問い」に対するイメージをもちやすくするために，動画教材を使用することも考えられます。その際の動画は，メッセージ性があり，かつ時間が短いものを選ぶことが大切です。

　道徳的知の探究的な学習は，生徒が授業時間に「考えること」をもっとも重視しますので，教材（特に読み物教材）を読み込んでいくことは基本的にはおこないません。なぜならば，教材を読み込んでいくことは，教材内容を理解するために時間を割いてしまうことになりかねないからです。限られた時間の中で生徒が積極的に考えることを保障するためには，教材は直観的に理解できるものがふさわしいと言えます。動画を取り上げる際に短時間のものを選ぶのは，こういった意図が含まれています。

5　教員の役割

　授業の流れやよい問いの設定ができたとしても，教員の言葉かけ一つで生徒の思考は停止してしまうことがあります。これまでの道徳の授業は，どちらかと言えば教員主導でおこなわれ，気づかないうちに「望ましい答え」を押しつけてしまっているということが，よく起きてしまいました（私自身もそうでした）。決して教員に望ましい答えを教えようという意図はなくても，生徒はそう受け取ってしまうのです。そのようなことが起きてしまうのは，授業を進めて

いく中において，必要以上に教員が話をしすぎてしまうからでしょう。では，一体どのような役割を果たせばいいのでしょうか。

　その一つの役割としてあげられるのが，教員がファシリテーター（促進者）になることです（p.32コラム参照）。本来教える人（ティーチャー）として存在する教員が，ファシリテーターとしての役割を果たすことは大変難しいのですが，ある一つのことに注意すればそれほど難しいことではありません。それは「教えない」ということです。望ましい答えを生徒に教え込んでいくのではなく，生徒の発言がより深くなるよう思考を促したり，新しい視点や新しい考え方を提示したり，出てきた発言を整理したりすることが大きな役割です。

　ファシリテーターの役割は，基本的には二つに集約できます[2]。それは生徒の話をできるだけたくさん引き出していくこと，そして出てきた意見をまとめていくことです。具体的には，次のような問いかけがあげられるでしょう。思考を拡散させていくとき，広げていくときであれば，「なぜそのように考えるのか？」，「そもそもそれってどういう意味なの？」，「もう少し詳しく話してください」，「他の可能性は考えられない？」といった問いかけになってくるでしょう。逆にディスカッションをまとめていくとき，収束させていくときであれば，類似点や相違点に焦点をあてた問いかけや，「一言でまとめるとどうなるだろう？」，「つまりどういうことだろう？」といった問いかけになってくるでしょう（表1参照）。

表1　問いの拡散と収束

問いを拡散させるとき	問いを収束させるとき
なぜそのように考えるの？	他の意見と比べるとどう？
そもそもそれってどういう意味？	他の意見と同じ／違うところは？
もう少し詳しく話してください	一言でまとめると？
他の可能性は考えられない？	つまりどういうことだろう？

　ファシリテーターとして存在するということは，例えば明らかに人権や生命の価値を無視したような発言が生徒から発せられたとしても，教員は何も言ってはいけないということを意味しているわけではありません。差別的な発言があったならば，それは制止する必要があります。またそのような発言が出ないような問いの設定も必要とされます。道徳教育の目的は私たちがよりよく生きていくために，言い換えれば，一部の人ではなくすべての人が幸せに生きていくために必要とされることを考えていくことですので，その大前提は常に生徒と共有しておく必要があります。

　道徳的知の探究的な学習の目的は，論理的・批判的な思考力を育成したり，生徒自身が新たな問いを見出していくこと，そして生徒が新たな道徳的価値観を形成していくことに他なりま

せん。そのために教員ができることを，常に意識しておく必要があります。

【参考・引用文献】
(1) 赤坂真二著『赤坂版「クラス会議」完全マニュアル』ほんの森出版，2014年。
(2) 谷益美著，円茂竹縄作画『マンガでやさしくわかるファシリテーション』日本能率協会マネジメントセンター，2017年。

（西田　透・荒木寿友）

指導案でよくわかる！道徳的知の探究的な授業モデル

●対象学年：中学2年生　●実施時期：6月ごろ

もし，言葉がなかったら……

内容項目：A−(5)真理の探究，創造
関連項目：B−(8)友情，信頼　B−(9)相互理解，寛容　C−(15)よりよい学校生活，集団生活の充実

テーマ設定の理由

（1）ねらいとする価値について

　生徒たちは「言葉」を使いコミュニケーションをとっているが，そもそも「言葉」というのはどういうものなのか。「言葉」のもつ力がどのようなものなのかということについては深く考えたことがない。その中でそもそも「言葉がなぜ必要なのか」ということを考えるのと同時に，どのようなことが「言葉」なのか。そもそもボディランゲージは，拍手などは「言語」なのかも含め，多面的・多角的に考え議論することで，広い視野をもつことと何気なく日常で使っている「言葉」を見つめ直す機会とする。

　また，世界に目を向ければ「言葉」の概念が根本から違う民族も存在している。そのような人々はどのようにして「言葉」を捉えて生きているのか。それゆえに「言葉」のもつ意味を自分の価値観だけで使っていることが日常生活の中に溢れている。「言葉」がなければ，今のように便利な日常生活はできないが，もしかすると「悩む」ということは減るのかもしれない。そもそも辛さ，悩み，苦しみという概念も「言葉」がなければ存在しない。「言葉」があるから概念が存在する。概念があるがゆえに考えてしまうことがある。「言葉」によって，気づかないうちに言動や行動を制御していることもある。

　実体のないものに自分たちは行動を制限されているということも認識させ，だからこそ，これまで自分自身がもっていた「言葉」に対する価値観について，一度フラットにすることから今まで見えていなかったことが見えてくることも出てくることに気づかせ，言葉に自分を支配されるのではなく，言葉を使い分ける立場になれる能力を養う。

（2）生徒の実態について

　情報化社会と新たな文化が進み「言葉」自体が複雑化している中で，生徒自身が「言葉」を軽く扱う場面が日常生活で見られる。言葉が多いがゆえに相手への伝わり方や受け取り方にもさまざまな形がある。中学2年生になると友人関係も馴れ合いになり，今まで相手のことを考えて発していた「言葉」が，いつしか悪気なく「言葉」を使ってしまい，それが引き金となり学校生活でトラブルになるケースも出てき始める時期である。その背景には，相手の立場に立って発言できていないことはもちろんのこと，自分の価値観で使っている「言葉」があり，相手の受け取り方との認識のズレが生じて「言葉」を伝えた，「言葉」が伝わった，との違いで

問題が起こっている。「言葉」はコミュニケーションのツールの一つにすぎない。相手に伝えようとする思いがあってこそという根本的な点について，学ぶ機会であると考える。

授業のねらい

「言葉」という概念を探究し，「個人的な知識」と「共有された知識」を明らかにすることで自分の主張を捉え直し，自分の考えや意見を相手を尊重したうえで伝えていくことを通して，道徳的判断，心情，実践意欲と態度を育てる。

教材観

「言葉」についての読み物教材を三つ準備した。一つは，田村隆一の「帰途」である。言葉を覚えたこと・言葉が意味をなす世界であることに対する思いを田村隆一の独特の表現で綴っている。我々人が言葉を覚え，その意味を解するために苦しみや悲しみなどのような抽象的なものを受け止めるようになってしまった。言葉が存在し，それにさまざまな意味があるからこそ苦しい思いをすることが多々あり，だからこそ言葉がなければいいのに，という思いにとらわれてしまう人間特有の悩みを描いた作品である。しかしその一方で，言葉があり，その苦しみを表現するからこそ我々は互いに共感し合ったり，他者の苦しみ・悲しみの根源に寄り添ったりできるのだ，ということにも触れ，言葉で表現することによって抽象的な感情に形が与えられ，自身を苦しめたような経験がないかということを考えさせたい。

次に，三島慶子の「言葉」は，言葉の二面性とそれを扱う難しさに触れた詩である。内心がどうであれ，またその後にどのような言葉が続くにせよ，会話をする相手にとってみれば発された言葉がすべてであり，発する言葉によって相手に伝わる印象が異なる，ということを表現した詩である。詩の中では逆接を使えば相手を責めるように聞こえ，肯定の返答を返せば相手が満足するというような例を示している。生徒には，最初に使う言葉によってどのように受け手の印象が異なるのかということを検討させたうえで，言葉によって自分の思いや考えを伝えようとしたときに，その言葉の選択で誤解を与えたような経験がなかったかを考えさせたい。

最後に，さくらももこの「やわらかな想い」は，言葉にできない，表現できない思いの豊かさに触れたものである。最初の田村の詩とは対照的に，言葉にして表現しなくとも伝わる感情や情報を得ることが可能であることを示したうえで，それは言葉のように意図的に表出するものだけではなく，無意識のうちに流れ出すものであることを指摘している。そして，タイトルと最終行にあるようにそれらの言葉にならないものには，やわらかい・柔軟な思いやエネルギーが満ちていることを表現している詩である。生徒には，言葉では表現できないものの多さや，それを言葉にすることでどのように味わいが変化するのかということを考えさせたい。

指導案

○授業実施日の朝読書

段階時間	学習活動	発問等と予想される反応	指導上の留意点
15分	【個人活動】 ・本時の流れについての説明。 ・読み物資料を読み，個人の主張と根拠を考える。	【発問】 ①「突然ですが，言葉がなかったらどうしますか。」 ・自分の主張と根拠を基に自分の考えを構築する時間とする。 【指示】 ②「自分の考えに対する根拠を探し，まとめましょう。」 →自分の意見の根拠となる部分を整理し，発表に向けた準備を進める。 ・主張と根拠を基に，授業内では議論を進めていくことを伝える。	自分の考えを後押しする根拠となる事例をもつことの大切さを伝える。

○授業

段階時間	学習活動	発問等と予想される反応	指導上の留意点
導入 15分	【個人活動】 ・本時の流れについての説明と導入の発問に答える。 【ファーストアンサー作成】 ・ワークシート1・2を記載し，個人の主張をつくる。 ・付箋紙に意見を書く。	【発問】 ①「言葉がなかったらどのようにして相手に自分の伝えたいことを伝えますか。」 ②「言葉がなかったら相手には伝えたいことが伝えられないのですか。」 ③「言葉はなぜ必要ですか。」 →ボディランゲージは「言葉」であると発言する生徒がいる。 【中心発問】 ④「もし，言葉がなかったら……」 →自分の実体験と重ね合わせて，考えを深める。 →ネガティブな意見が出ることもある。 ・個人の意見がまとまらない。 ・周囲の意見を気にする。 ・他の生徒の意見から個人の意見を深める。	生徒の考えを尊重するため，深くアプローチしない。 意見が多く出る生徒と出ない生徒にかなりの差があるが，その点について，それでも一人で考えるよう生徒に促す。
展開① 10分	グループディスカッション 【小集団活動】 ・付箋紙を提示しながら個人の発表をする。 ①「もし，言葉がなかったら……」 ②「言葉は何なのか」 ③「言葉はなぜ必要」 ・二つの内容を含み，各グループからの意見発表を	①について →人それぞれ違うという意見が出てくる。 ②について 【補助発問】 「言葉は必要なのでしょうか。」 →補助発問を念頭に置きながら議論するこ	多面的な発言が出やすくなるよう，グループの中の意見を聞く。 発言の少ない生徒への問いかけをする。 気づかないうちに教員の意図する方向に

	する。 ・グループでの意見をワークシート3にメモする。	とでグループディスカッションがより活発になり，思考が深いものになる。	行きがちにならないよう必要以上は話をしない。
展開② 15分	・発表を聞いたうえでもう一度中心発問に対する主張を考える。 【全体意見共有】	・グループ内では「言葉」自体に必要性を感じていないという意見も尊重する。 →その場合も意見を尊重し，相手の意見を否定しないことを意識する。 ・グループ活動をしながら，発言を引き出し，内容を深めていく。時間がたりず，意見が深まらないことを想定しておく。 ・現時点でのグループで出た意見や気づきなどを発表させる。 →新たな考え・価値に触れることで，また新たな疑問やモヤモヤ感がうまれる。 ・これまで考えてきたことをさらに深く考えるよう発問する。 →思考の枠が狭かったことに気づき，思考することを自分の中で広げようとする。	人の意見を聞き，自分の主張との違いから考えることの大切さを問いかける。 グループ内の議論で質問をするよう促す。
	・「個人的な知識」なのか。「共有された知識」なのか。意見を整理し，ワークシートに記入する。	「私と私たちの主張・意見の境界線はどこにありますか。意見の共通点と違いは，どこにあるのでしょうか。」 「賛同できる意見はなぜ賛同できるのでしょうか。違いを感じる意見はなぜ賛同できないのでしょうか。」 この点について深く考える。 →「個人的な知識」と「共有された知識」を整理し，それぞれの主張を可視化する。	個人的な知識と共有された知識についての理解を深める問いかけをする。
	【ファイナルアンサー作成】 ・個人での主張をつくる。 ・ファーストアンサーとファイナルアンサーの違いに気づかせる。 ・ワークシートを書く。 ・個人発表をする。	・主張を整理できない生徒が出てくる。 →主張が整理できなくてもよいことを伝える。 →言葉にならなくてもグループディスカッションを通じて，生徒の中での思考の深まっている。 ・想像力を働かせながら，自分なりの主張をつくることの面白さと難しさを感じる。 ・これまでの「言葉」ということとは，違った価値観について深く考えることから新たな「問い」が出る。	他のグループの意見を聞き，主張を再構築するよう考える。また，発問を考えながら聞くことで，思考がより深まることを伝える。 自分の中での「言葉」についての考えを深める。
終末 10分	・本時のふりかえりを記載する。 ・自己評価を記載する。	・これからの日常で自分として何ができるのかについて深く考え，自分の行動に活かすよう促す。 ・自分を見つめるために，自己評価する。 →自分なりの主張と問いができたことに気づく。	最後のワークシートに，ふりかえりと新たな疑問が重要であることを伝える。

（西田　透）

もし，言葉がなかったら……

年　　　組　　　番　名前
_____

1　『言葉』とは何だろう。『言葉』が必要な理由を書いてみよう！

2　『もし，言葉がなかったら……』【ファーストアンサー】

3　グループの考え【人の意見に耳を傾ける】

名前	意見

・質疑応答（人の意見に耳を傾ける＋相手の意見を受け入れ，自分の考えを「深める」）
・さらに理由を深められる質問をしよう！　1人1回は質問すること！

4　グループで出た結論は，【個人的な知識】なのか，【共有された知識】なのか。理由も含めて書こう。

【個人的な知識】
【共有された知識】

5　『もし，言葉がなかったら……』【ファイナルアンサー】

6　新たな気づき，新たな疑問

7　自己評価をしよう！
　(1)「自分で」一生懸命考えられた……………………………（ 4 ・ 3 ・ 2 ・ 1 ）
　(2)「人の意見」に耳を傾けられた……………………………（ 4 ・ 3 ・ 2 ・ 1 ）
　(3)考えを深める「質問」ができた……………………………（ 4 ・ 3 ・ 2 ・ 1 ）
　(4)相手の意見を受け入れ，自分の考えを「深め」られた……（ 4 ・ 3 ・ 2 ・ 1 ）

●対象学年：中学2年生　　●実施時期：10月初旬

競争は学校に必要か

内容項目：A−(4)希望と勇気，克己と強い意志
関連項目：A−(3)向上心，個性の伸長　B−(9)相互理解，寛容　D−(22)よりよく生きる喜び

テーマ設定の理由

（1）ねらいとする価値について

　学校の中にはさまざまな競争が存在しており，その中には目に見える競争もあれば，目に見えにくい競争もある。競争は格差を生み出し，いじめや落ちこぼれを生み出す原因となるため必要ないといった声がある反面，競争があるからこそ意欲が向上して人は成長できるといった真逆の声も多く存在する。果たして学校という場所に競争は必要なのだろうか。

　一時期，小学校の運動会でおこなわれる徒競争の順位づけをやめるということが話題になった。どの子も一生懸命頑張っているのだから，個人の順位をつけるのはかわいそうであり平等ではないという理由からだ。同じように，学校の中で目に見えて順位がつくものは他にもたくさん存在する。体育大会や合唱コンクールなどの行事のように，クラスや集団単位で順位がつくものもあれば，部活動や学業成績など，個人で順位が出るものなどさまざまである。

　このように，幼いころから競争が当たり前の中で育ってきた生徒たちは，競争の中で順位をつけること，つけられることに対してとても敏感である。周りと自分を比較する中で自分の立ち位置を意識しながら生活をしている中学生にとって，競争はプラスに働くこともあればマイナスに働くこともある。

　そこで，本時はどのような競争であれば効果的で，どのような競争であればそうでないのか，競争によい競争と悪い競争があるのかなど，さまざまな視点から競争が必要かどうかを考える。競争により，資本主義社会は技術革新を繰り返し発展してきた。順位がはっきりと出ないものもたくさんあるが，人は常に何かとの比較の中で生活をしている。競争は当たり前のものであるからこそ，社会に出る前段階の学校という場所にあえて限定して競争が必要かどうかを考えることで，より自分事として議論ができることをねらいとする。

（2）生徒の実態について

　中学2年生の2学期となり，クラブや生徒会での代替わりが始まった。学校の中心となって活動していく中で，クラス，学年が成長していくうえで大きな役割を果たすのが学校行事である。1学期の体育大会，2学期におこなわれた文化祭でのダンス発表が終わり，11月に実施される合唱コンクールを前に，学年全体がよい競争をする中でレベルの高い合唱コンクールをつくり上げてほしいという思いがあり，改めて競争について考える機会とした。

やらなくてもいいという負の空気ではなく，クラスみんなで一つの目標に向けて努力を重ね，ライバルである他クラスと切磋琢磨する中で，お互いのレベルを高め合える競争ができる学年を目指せるような議論にしたい。

授業のねらい

日常の中に当たり前に存在する「競争」を自分事に捉え多面的に議論することを通して，他者や周りとの比較の中でよい悪いを判断するのではなく，自分が目指す自分に近づくために過去の自分と競争し，自己の向上に努め充実した生き方を追究しようとする道徳的判断力と実践意欲，態度を育てる。

教材観

本時のテーマは身近なため，答えを導き出しやすい。より多面的に「競争」を捉えるために，事前に「競争」をキーワードに自分の考えの根拠となるものを探してくるよう指示をする。

そして，授業実施当日の朝読書の時間（15分）に，自分が調べてきた内容を道徳学習ノートにまとめる時間を設け，「競争は学校に必要か」について自分の考えを整理させる。

また，生徒たちは日本の教育の中で育ってきているため，競争は当たり前という認識である。そこで，その当たり前を揺さぶるために，「世界が驚いたニッポン！　スゴ〜イデスネ‼　視察団　小学校＆缶詰2時間SP」（2016年2月6日放送）で取り上げられたフィンランドと日本の教育の違いを見せる。フィンランドの小学校の校長先生が日本の小学校を訪問して驚いたことをランキングにした内容で，その第2位が「マラソン大会の順位づけ」だった。フィンランドの校長先生は，日本のマラソン大会で順位づけをし，上位入賞者を表彰することは，「運動はよいものなのに，子どもたちを競争させることで運動が得意ではない子はビリという烙印を押されてしまい，運動を嫌いになってしまう。」という理由で反対だった。それに対し，日本の小学校の校長先生は「前年に悪い順位だった子どもは努力をし，その過程を評価していく。そうやって，子どもたちには自分の力を知り克服していく力を身につけてほしい。」と反論した。結局最後まで話は平行線をたどり，お互い納得することなく番組は次のランキングへと切り替わっていった。

フィンランドは競争をやめたことで学力世界一となったと言われていて，習熟度別授業をしない，評価は自己評価など，日本とは大きく違う教育制度を取り入れていることで有名である。生徒たちが日本の教育の当たり前に縛られずに議論を進められるきっかけにしたい。

指導案

○授業実施日の朝読書

段階時間	学習活動	発問等と予想される反応	指導上の留意点
15分	(1)自分の意見に根拠をもち，一生懸命考える。 ①「競争は学校に必要ですか。」に対する自分の答えを出す。	【発問】 ①「競争は学校に必要ですか。」 →競争　メリット，競争　原理，競争　心理など，調べる際のキーワードを事前に提示してさまざまな角度から競争を考えるよう指示をしてあるので，1週間かけて調べた内容を基に自分の考えを構築する時間とする。	調べたりない部分はこの時間内に補足してもよいことを伝える。
	②自分の考えに対する根拠を整理し，①で出した答えの根拠となる軸をまとめる。	【指示】 ②「自分の考えに対する根拠を探し，まとめましょう。」 →自分の意見の根拠となる部分をノートに整理し，発表に向けた準備を進める。 ・学校に必要かどうかの答えが出ているはずなので，そう考える一番の根拠を整理する。その根拠を基に，授業内では議論を進めていくことを伝える。	自分の考えを後押しする根拠となる事例をもつことの大切さを伝える。

○授業

段階時間	学習活動	発問等と予想される反応	指導上の留意点
導入 5分	(1)自分の意見に根拠をもち，一生懸命考える。 【個人活動】 ①「競争は学校に必要ですか。」に対する根拠の軸を書き出す。	【発問】 ①「競争は学校に必要ですか。」 →自分の考えを後押しする根拠の軸を，ワークシート1の「競争は」につながる☐☐☐の部分に書くよう指示する。その際，☐☐☐の中に「学校に必要である／必要でない」を書くのではなく，自分の意見を後押しする根拠の軸を書くことを強調する。 →例：格差を生み子どもの学ぶ意欲を低下させる，人を成長させる，人の心を動かす，自分の今いる位置を知ることができる。	根拠を大切にするよう伝える。 学校に必要である／必要でないの結論をいきなり出すのではなく，そう考えた根拠について議論していくことを意識させる。
	(2)自分の意見を発表する。 　人の意見を聞く。 【班活動】	・人の意見に耳を傾ける時間であることを意識し，疑問に思ったことを後のディスカッションにつなげる。	第2章1節「道徳的知の探究的な授業の進め方」を参照。

展開① 5分	①ワークシート1の「競争は」につながる□の部分を付箋紙に大きく書いて，発表する。 ②次の議論につなげるために，質問や新たに生まれた疑問を付箋紙に書いていく。 ・二つの内容を含み，時間内に発表する。	①意見の違いが後のディスカッションにもつながるため，どのような違いがあるのかに注目する。 ②次のディスカッションにおいての中心議題になるということを意識して発表を聞いておく。 ・聞き手側は，意見に対する質問や新たな疑問を，付箋紙に書いておく。	発表を聞きながら，ディスカッションのイメージをもてるように声かけをする。 メモは必要なことだけを書き取るよう指示をする。 発表者は端的に発表するよう促す。
展開② 30分	(3)相手の意見を受け入れ，議論を深める。 【班活動】 ③班のメンバーが発表した内容に対し，質問や新たな疑問を出し，議論を深めていく。 ・班で一人メモ係を決め，みんなの意見や質問が書かれた付箋紙を貼りながらまとめていく。最終的には議論の流れがわかるようなポスターを1枚仕上げることを目指す。 ④学校という場所に競争が必要かどうかの議論に絞っていく。 ・動画を見る。 ・前半はさまざまな角度から競争について考えたが，後半はテーマにある学校に絞って議論を深めていくことを目指す。	・相手が考えたことをさらに深められるような質問をする。 ・人の意見を受け入れ，自分の思考を深める。 【中心発問】 ③「競争は学校に必要ですか。」 →新たに出てきた疑問や議論を深め，考える。 ・一つの質問に対し，1回答えて終わりではなく，さらに質問を重ねて答えていくことを心がける。 【補助発問】 例：「順位がつくことだけが競争ですか。」 「順位ではない競争は存在しますか。」 「競争をした方がいいことと，しない方がいいことはありますか。」 「やる気を左右するのは順位だけですか。」 など，議論が深まる質問を各グループの議論の様子を見て投げかける。 【発問】 ④「競争によい，悪いはありますか。」 →競争社会の日本とは違う視点のフィンランドの教育を知ってもらうために動画を見せる。 →動画の内容以外にも，フィンランド教育が目指す「平等」の意味について説明する。 →習熟度別授業ではなく競争はさせないが，履修主義ではなく習得主義であることなどにも触れる。	多面的な発言が出やすくなるよう，グループの中の意見を聞きながら発問を繰り返す。 生徒に一人1回は深めるための質問をするよう投げかける。 一つの質問に対し，最低2回はやりとりをし，考えを深めていくよう伝える。 一つの答えを出すのではないため，さまざまな方向に議論を進めるようアドバイスをする。 競争を自分事に捉えながら，さまざまな角度から議論するよう促す。 学校という場所にあえて焦点を絞り，競争について議論するよう伝える。 自分の経験も踏まえて議論を進めるよう促す。

主として自分自身に関すること

第2章 実践編

展開③ 5分	(4)意見を受け入れ，自分の考えを再構築する。 【マイアンサー作成】 【個人活動】 ⑤「競争は学校に必要ですか。」のマイアンサーを考える。	・これまでのディスカッションを参考に，思考を深める。 【発問】 ⑤「競争は学校に必要ですか。」 →ここまでの議論を通して，競争は学校に必要である／必要でない，の結論を出す。 ・また，そう考えた根拠をまとめる。 →結論を出す際，必要である／必要でないの２択で答えなければいけないわけではない。 →例：必要な競争とそうでない競争がある。 学校だけでなく社会にも必要だ。	思考を深めることの重要性を伝える。 自分で一生懸命考えさせる。
終末 5分	本時のふりかえりとまとめ 【個人活動】 ・自己評価	・ふりかえりを書く。 ・自分なりの主張と問いができたことに気づく。 ・評価の四つの柱を意識できたかを自己評価する。 ・合唱コンクールにつなげる話をする。	今回考えたことを少しずつ行動に移していくよう伝える。

（高野阿草）

競争は学校に必要か

　　　　　　　　　年　　　組　　　番　　名前

1　「自分の意見に根拠をもち，一生懸命考える」

競争は [　　　　　　　　　　　　　　　　　]

根拠
[　　　　　　　　　　　　　　　　　　　　　]

2　発表＆質問「議論を深める」　メモ

3　マイアンサー「意見を受け入れ，自分の考えと根拠を再構築する」

競争は [　　　　　　　　　　　　　　　　　]

なぜなら
[　　　　　　　　　　　　　　　　　　　　　]

4　新たな気づき，新たな疑問

5　自己評価をしよう
- (1)「自分で」一生懸命考えられた………………………………（ 4 ・ 3 ・ 2 ・ 1 ）
- (2)「人の意見」に耳を傾けられた………………………………（ 4 ・ 3 ・ 2 ・ 1 ）
- (3) 考えを深める「質問」ができた………………………………（ 4 ・ 3 ・ 2 ・ 1 ）
- (4) 相手の意見を受け入れ，自分の考えを「深め」られた……（ 4 ・ 3 ・ 2 ・ 1 ）

第2章　実践編

●対象学年：中学2年生・3年生　　●実施時期：12月上旬

大人と子どもの境界線はどこか①

内容項目：A−(1)自主，自律，自由と責任
関連項目：A−(2)節度，節制　A−(3)向上心，個性の伸長

テーマ設定の理由

(1) ねらいとする価値について

　中学2年生の14歳というのは，刑事責任を問われる年齢である一方，まだまだ精神的に幼い面がある思春期を迎えた年齢でもある。また，親や教師を頼っていた存在から精神的に独立していこうとする年齢でもある。実際日本では女性は2年後，男性は4年後に結婚をすることができる年齢になるなど，さまざまな場面で責任を問われることが増えていく。この14歳という年齢を迎えるにあたり，「大人とはどのような人のことをいうのか」，「大人になるというのはどういうことなのか」，「そもそも大人にならないとだめなのか」など，多角的に深く考え，答えのない問いに対して考え議論することが必要である。「子どもから見た大人」，「大人から見た大人」などをグループで議論していく中で，「今の自分」，「これからの自分」を考えることを通して，自分の役割と責任を自覚し，自己の向上に努めようとする態度を育てていくことをねらいとする。

(2) 生徒の実態について

　中学2年生という学年で集団生活を行ううえで，1年生にとっての先輩としての役割と責任，3年生から見た後輩としての役割と責任が問われる学年である。また，3か月もすれば最高学年になるタイミングであるものの，まだまだ精神的に独立しきれていない。学習，進路，クラブ活動など，今まで自分と向き合うことが曖昧だった生徒も，さまざまな場面で「決断・行動」していくことが問われる年齢・時期となり，戸惑う生徒が多く出てきた。このような状況で「自分を見失う」こともあり，頭で理解していることと，行動が乖離する場面が出てくることもある。言葉としての「上級生として」，「進路の決定に向けて」，「後輩を引っ張る」などの指導を生徒がどのように理解しているのかも含め，「自律・自立」していく必要があるような実態である。

授業のねらい

　自分と同年代の事例を見て、「大人」という存在、役割、責任などを考え、そのうえで「大人」と「子ども」の境界線を再考することを通じて、自分と他者の大人の基準について改めて捉え直す道徳的判断力を養う。

教材観

　本時の教材は、同年代のアスリートに関するもので、日本代表となり、世界を相手に活躍する選手の動画である。動画の内容については、プレーだけでなく、インタビューでの答え方、語学についての能力なども含んでいる。そこから生徒が、今の自分と比較し、自分との違いから今回のテーマである大人の条件が何なのかについて考えるきっかけ・導入につなげていく。

　唐突に今回の「中心発問」を考えるのは、生徒の思考をストップさせる可能性があるため、まずは身近な人に「大人度」の☆をつける形式のワークシートに記入させる。その際、自分を基準にすることで、誰がどのくらい大人なのかということが比較でき、自分のイメージがわきやすい。次に、「大人と子ども」が「できること・できないこと」例えば、結婚、飲酒であったり「すること・しないこと」としては仕事などを書き出してイメージをもたせ、そこで書き出された意見を教員が聞き、問い返し発問を中心にイメージをさらにふくらまし、「大人の定義」を考えさせる。

　本時については、動画とワークシートを活用して個人活動を中心におこない、自分なりの主張を作成することに重きを置く。

指導案

○授業

段階 時間	学習活動	発問等と予想される反応	指導上の留意点
導入 10分	【個人活動】 ・本時の流れについての説明と導入の発問に答える。 ・動画を見る。 →本時については，サッカー日本代表の久保建英選手の動画を使用。 →他，将棋の藤井聡太棋士なども参考になる。	【発問】 「あなたは大人ですか。それとも子どもですか。」 →挙手した生徒数名に理由を聞く。 →「子どもです！」という答えがほとんどである。その根拠が何なのかということを明確に認識させる。 →ネガティブに考える生徒が出てくるが，ポジティブに物事を捉えることの重要性を伝える。 【発問】 「動画を見た印象はどうですか。」 →「自分と同年代である」として捉えることができない。 →「あの人は特別である」という発言が出る。なぜ，そのような活躍や考え方ができているのかという見方をすることの大切さを考えさせる。 ・周囲の取り組みを気にする。 ・本時については，次回の授業時に議論を深めていくため，他の生徒の意見はあまり聞かないようにしておく。	生徒の考えを尊重するため，深くアプローチしない。 意見が多く出る生徒と出ない生徒にかなりの差が出るが，他の生徒の意見は気にせずに，それでも一人で考えるよう生徒に促す。
展開 ① 15分	・自分の友達の大人度を☆でつける。 →自分を5段階の中でどこかに入れるように記載させる。 ・動画で見た久保選手とドラえもん，のび太に対しても☆をつけさせる。 ・「大人と子ども」の「すること・しないこと」，「できること・できないこと」を発言させる。	・自分を5段階の中でどこかに入れることでイメージをもつ。 →自分を低く評価する生徒が多くいるが，悲観的にならないよう促す。 ・「何気なく，大人！」だと曖昧な基準で評価しがちなことに対して，「なぜか」という点を明確にするよう促す。 →印象だけで人を判断してしまっていることもあるということに気づかせる。 ・「大人と子ども」の「すること・しないこと」，「できること・できないこと」を発言させてイメージをもたせる。 →「大人」の基準，根拠をたくさん書く。どのような点で判断しているのかを記載させることで客観的に自分の指標に気づかせる。 ・基準，根拠を基に，「大人の定義」を記載する。	問い返し発問をすることはいいが，現段階ではあまり深く考えさせるのではなく，一人で思考を深めていくためのヒント程度の助言にしておく必要がある。 自分なりの定義を書く。

	・ワークシート2，3を記載する。		
展開② 15分	①ワークシート2，3の意見共有をする。 →グループでの共有でなく，個人での発表とする。 【全体意見共有】	・個人の意見を聞いたうえで，意見をつくり直すことやワークシートに意見を書き加えることを認める。 【発問】 「大人の基準は，個人によって違いがあるのでしょうか。大人と子どもの違いはどこにあるのでしょうか。」 →自分の価値観と周囲の価値観に違いを実感することで，多面的・多角的に物事を見ることの大切さに気づかせる。	個人の知識についての理解を深める問いかけをする。
	②「大人と子どもの境界線」について記載する。	・記載するうえで言葉にならないことの難しさを感じる生徒が多く出る。 ・これまでの「境界線」についての価値観について深く考える。 ・自分なりの主張をつくることの面白さと難しさを感じる。	自分の中での「境界線の認識」についての考えを深める。
	・ファーストアンサーや根拠を付箋紙に記載する。	・次回のディスカッションに向けて準備を進める。 ・意見を多く書くことができない生徒がいるが，無理に書く必要はない。	
展開③ 5分	・本時のふりかえりをするとともに新たな疑問と気づきについて記載する。	・本時をふりかえることによって，自分の意見を整理することができ，新たな気づきが出てくる。 ・自分が普段発言していることに対して，裏づけや根拠をもって話すことの重要さに気づかせる。 →何も考えずに発言していることが，日常の中に多くあることに気づかせる。	ふりかえりの重要性とひらめきを重視する。
終末 5分	自己評価 ・次回の授業の流れについて確認する。	・本時の中での自己評価をする。 ・自分なりの主張と問いができたことに気づく。 ・日常の行動について深く考え，自分の行動に活かすよう促す。 【発問】 「あなたは大人ですか。子どもですか。」 【中心発問】 「大人と子どもの境界線はどこですか。」 →改めて問うことで生徒の中でモヤモヤした気持ちをもつようになる。そのことが次のステップにつながることを伝える。	日常の行動にどのように活かしていくのかを問いかける。 最後にオープンエンドの形で発問して終わる。

(西田　透)

大人と子どもの境界線はどこか①

年　　　組　　　番　　名前
_____

　みなさん自身が今の自分をどのように見ているのか。また，どうなれば大人と言えるのか。自立した行動ができるよう深く考え，他の価値観を聞きながらさらに深めていこう！

本日は徹底的に「自分で」一生懸命考えよう！

1　同級生の中で「この人って大人だ！」と思える人は誰だろう？　自分を入れて5人考えよう！

(1)_____　(2)_____　(3)_____　(4)_____
　大人：★☆☆☆☆　　大人：★★☆☆☆　　大人：★★★☆☆　　大人：★★★★☆

(5)_____　(6)__久保建英____　(7)__ドラえもん__　(8)__のび太_____
　大人：★★★★★　　大人：☆☆☆☆☆　　大人：☆☆☆☆☆　　大人：☆☆☆☆☆

2　あなたが「大人」と感じるときに何をもって判断しているかな？　たくさん書き出してみよう！

```
すること・しないこと



できること・できないこと


```

3　あなたの考える「大人」の定義を書いてみよう！

```
私が考える「大人」は



```

58

4 「大人」と「子ども」の境界線はどこか考えよう！【ファーストアンサー】

結論：

5 新たな気づき，新たな疑問を書いてみよう！

6 自己評価をしよう！
(1)「自分で」一生懸命考えられた……………………………(4 ・ 3 ・ 2 ・ 1)
(2)「人の意見」に耳を傾けられた……………………………(4 ・ 3 ・ 2 ・ 1)
(3)考えを深める「質問」ができた……………………………(4 ・ 3 ・ 2 ・ 1)
(4)相手の意見を受け入れ，自分の考えを「深め」られた……(4 ・ 3 ・ 2 ・ 1)

●対象学年：中学2年生・3年生　　●実施時期：12月中旬

大人と子どもの境界線はどこか②

内容項目：A-(1)自主，自律，自由と責任
関連項目：A-(2)節度，節制　A-(3)向上心，個性の伸長

1回目と2回目の授業のつながり

　前時は動画とワークシートを使用し，「大人と子どもの境界線はどこか」という問いに対して個人で深く思考した。ただ，いきなり主張をつくることが厳しいことから段階を追って主張をつくる授業展開をおこなった。まず，はじめに「大人と子ども」が「できること・できないこと」，「すること・しないこと」についてイメージをもたせ，「大人だ！」と感じることについて書き出させた。例えば，「大人はお金を稼ぐことができる」という意見が出た場合，教員が「お金を稼ぐことは大人しかできないのか」などの問い返し発問をすることによって，イメージをさらにふくらましながら「大人の定義」を考えさせた。この時点で自分の中の「大人と子ども」というイメージがわいてきたことから多面的・多角的に捉えることで，より自分なりの主張が深まった。そのうえでファーストアンサーとして「大人と子どもの境界線」を個人で考えた。前時は，意見共有はしたものの，あえてグループディスカッションはおこなわず，個人の思考を深くしていくことに重点を置いた。

本時については，前時の流れの中から自分の主張をグループの中で共有し，ワークシートを使い「個人的な知識」と「共有された知識」を議論していく中で，自分の意見とグループ内の意見とがどう違うのか。どこが共通するのかを整理し，そのうえで自分の主張に取り入れられるものなのか。どのようにすればまた新たな気づきとともにより深い主張をつくることができるのかを授業の中で育てていく。本時は自分の主張をしながらも，グループ内の意見を整理・発表し，そのうえで深まった個人の主張の再構築を目的とする。また，道徳的価値に関わる課題を理解し，人間としての生き方についての自覚を深めるために，中心発問に対して自分で考える場面とグループディスカッションの場面，全体での発表の場面を織り交ぜて進めていく中で学級全体での価値を深めるために，意図的な指名も含めていく。そして，他者の意見を聞き，共感する意見をメモさせ，さまざまな考え方の存在に気づき，自覚を深められるようにする。

授業のねらい

　前時における大人と子どもの基準を踏まえ，大人に対する「個人的な知識」と「共有された知識」を明らかにすることを通じて，自分の主張を捉え直し，自立の精神を重んじ，自主的に考え，判断し，誠実に実行してその結果に責任をもつことで，道徳的実践意欲と態度を育てる。

指導案

○授業

段階 時間	学習活動	発問等と予想される反応	指導上の留意点
導入 5分	【個人活動】 ・前回の確認と本時の説明。 ・ワークシート1に前回の主張を記載する。 ・個人の主張整理，発表準備。	・本時については，2回ディスカッションをおこなう目的を説明する。 【発問】 「改めて聞きます。あなたは大人ですか。それとも子どもですか。」 →前回の内容を整理できていない生徒がいることを予想して，ディスカッションする準備をさせる。 ・付箋紙の準備。 ・個人発表，周囲の意見を気にする。 ・他の生徒の意見から個人の意見を深める。	生徒の考えを尊重するため，深くアプローチしない。
展開① 15分	グループディスカッション1回目【小集団活動】 ・大人と子どもの境界線について，グループディスカッションを活発におこなう。 【全体意見共有】 ・各グループから発表。 ・発表を聞いたうえで新たな主張を考え，2回目のディスカッションの準備をする。 ・個人とグループでの意見をワークシート2で整理する。	・個人の意見を聞いたうえで，グループディスカッションを深いものへ。 【発問】 「個人によって違いがありますか。大人と子どもの違いはどこにありますか。」 →グループ活動をしながら，発言を引き出し，内容を深めていく。 →時間がたりず，意見が深まらないことを想定しておく。 「私と私たちの主張・意見の境界線はどこにありますか。意見の共通点と違いは，どこにあるのでしょうか。」 →「賛同できる意見は『なぜ』賛同できるのでしょうか。違いを感じる意見は『なぜ』賛同できないのでしょうか。」この点について深く考える。【1回目】 →新たな考え・価値観に触れることで，また新たな疑問やモヤモヤ感が生まれる。 ・個人とグループの主張を整理する。ワークシート2は，メモ書き程度でよい。	多面的な発言が出やすくなるよう，グループ内で質問をするよう促す。 発言の少ない生徒への問いかけをする。 人の意見を聞き，自分の主張との違いから考えることの大切さを問いかける。
	グループディスカッション2回目【小集団活動】 ・大人と子どもの境界線について，グループディスカッションを活発におこなう。	・本時の目的がここからであることを伝える。 【発問】 「私と私たちの主張・意見の境界線はどこにありますか。意見の共通点と違いは，どこにあるのでしょうか。」 →「賛同できる意見は『なぜ』賛同できるのでしょうか。違いを感じる意見は『なぜ』賛同	グループディスカッション中に質問することの重要性を説く。

展開② 15分	・「個人的な知識」なのか，「共有された知識」なのか，意見を整理する。 ・ワークシート3を記載する。 【個人活動】 ・二つの内容を含み，グループの意見を発表する。	できないのでしょうか。」この点について深く考える。【2回目】 「これまで考えてきたことを具体的に，なぜそう考えたのか深く考えよう。」 →思考の枠が狭かったことに気づき，思考することを自分の中で広げようとする。 ・「個人的な知識」と「共有された知識」を整理し，それぞれの主張を可視化する。 ・主張を整理できない生徒が出てくる。 →主張が整理できなくてもよいことを伝える。 →言葉にならなくてもグループディスカッションを通じて，生徒の中での思考が深まっている。	「個人的な知識」と「共有された知識」についての理解を深める問いかけをする。
展開③ 10分	【全体意見共有】 ・グループでポスター作成，個人の主張を画用紙に貼る。 ・教室にポスターを掲示し，各グループのポスターを見る。 ・各グループ結論の発表。	・それぞれの主張を画用紙に貼り，掲示することで全員の主張を見る。 →他の人もファイナルアンサーの変化があることに気づく。 →自分のグループ（私）と他のグループ（私たち）がまた違う価値観をもっていることに気づく。 →他のグループに対して発問することでお互いに思考が深まることに気づく。 →発問することで自信がつき，議論が活発になる。	他のグループの意見を聞き，また主張を再構築するよう考える。また，発問を考えながら聞くことで，思考がより深まることを伝える。
展開④ 3分	【ファイナルアンサー作成】 ・個人での主張をつくる。 ・ワークシート4を記載する。	【中心発問】 「改めて大人と子どもの境界線はどこか考えよう。」 →これまでの「境界線」についての価値観について深く考える。 ・自分なりの主張をつくることの面白さと難しさを感じる。 ・新たな「問い」が出る。 ・ワークシートをふりかえり，ファーストアンサーとファイナルアンサーの違いに気づかせる。	自分の中での「境界線の認識」についての考えを深める。
終末 2分	・本時のふりかえりとまとめ ・自己評価	・本時をふりかえることによって，自分の意見を整理することができ，新たな気づきが出てくる。 ・自分が普段発言していることに対して，裏づけや根拠をもって話すことの重要さに気づかせる。 ・本時の中での自己評価をする。 →自分なりの主張と問いができたことに気づく。 ・日常の行動について深く考え，自分の行動に活かすよう促す。 【中心発問】 「大人と子どもの境界線はどこですか。あなたは大人ですか。子どもですか。」	日常の行動にどのように活かしていくのかを問いかける。 最後にオープンエンドの形で発問して終わる。

主として自分自身に関すること

（西田　透）

大人と子どもの境界線はどこか②

年　　　組　　　番　名前

　みなさん自身が今の自分をどのように見ているのか。また，どうなれば大人と言えるのか。深く考えて自立した行動ができるよう深く考え，他の価値観を聞きながらさらに深めていこう！

1　「大人」と「子ども」の境界線はどこか考えよう！【前回ファーストアンサー】

結論：

2　グループで共有された意見を書いてみよう！

共有意見：

3　自分とグループの意見を整理しよう！

自分の意見

共通の部分

4 「大人」と「子ども」の境界線はどこか考えよう！【ファイナルアンサー】

結論：

5 新たな気づき，新たな疑問を書いてみよう！

6 自己評価をしよう！
(1)「自分で」一生懸命考えられた……………………………(4 ・ 3 ・ 2 ・ 1)
(2)「人の意見」に耳を傾けられた………………………………(4 ・ 3 ・ 2 ・ 1)
(3)考えを深める「質問」ができた………………………………(4 ・ 3 ・ 2 ・ 1)
(4)相手の意見を受け入れ，自分の考えを「深め」られた……(4 ・ 3 ・ 2 ・ 1)

●対象学年：中学1年生・2年生・3年生　　●実施時期：12月上旬

優しさとは何か

＊「本当の優しさとは何か」をこの実践と連続させてもよい

内容項目：B−(9)相互理解，寛容
関連項目：B−(8)友情，信頼　B−(6)思いやり，感謝

テーマ設定の理由

（1）ねらいとする価値について

　生徒たちが日常生活の中で「優しい」と判断する基準は，個人によってさまざまである。一時の優しさもあれば，先を見越した厳しさも優しさと言える。どのような「優しさ」がよい優しさで，どのような「優しさ」が悪い優しさなのか。また，そこに境界を引くことができるのかなど，普段無意識の中で判断している「優しさ」の基準を，「優しくされる側」の視点から深く思考することで，「優しさとは何か」を考える機会とする。

　本時については，自分がこれまで出会ってきた人の中で「優しい人」を具体的にイメージし，優しいレベルを星五つで判断する。また，日頃どのような場面で「優しさ」を感じたのかを考えることで，自分が「優しさ」を何で判断しているのかを整理することにつなげる。

　自分が優しくされた視点から「優しさ」を考えることで，客観的に「優しさ」の本質の部分を探ることができ，自らの行動を改めて見つめ直す機会としたい。また，人間関係を構築するうえで，相手にとっての「優しさ」とは何かを考えるきっかけにもつなげていく。

　筆者の場合，本実践を「本当の優しさとは何か」の前時に実施した。思考と行動が一致しにくい中学生段階において，あえて客観的視点から「優しさ」を考えることから始めることで，「優しさ」の本質を考えることをねらいとした。

（2）生徒の実態について

　中学生にとって「優しい人」の基準は，今の自分にとって都合がよいかどうかで判断する場合が多い。厳しく注意する人は「怖い人」で，いつも笑顔で自分を受け入れてくれる人が「優しい人」といった基準があるように感じた。親子関係や，友人関係，先輩後輩，教員との関係でもそのような判断をしている生徒が多く，その判断基準の違いが友人関係を築くうえで弊害となり，トラブルを招くことが多く見られた。

　そこで，普段何気なく使っている「優しい」という言葉を行動で表すとするとどのような行動になるのかを自らの経験とつなげて考えていく中で，「優しい人」の共通点を探し，自分なりの基準を明確にすることを目指す。

　自分の行動からではなく，他人を通して「優しさ」を考えることで，客観的に「優しさ」を考えることができる。また，班の仲間の多様な価値観に触れることで，「優しさ」の定義はさ

まざまあることに気づき，自分の判断基準が正しいかどうかを考え，自らの行動を見つめ直すきっかけにしたい。

授業のねらい

普段無意識の中で判断している「優しさ」の基準を，自らの経験と照らし合わせ「優しくされる側」の視点から深く思考し，自分と他者との優しさの基準の違いを議論することを通じて，「優しさ」の定義を改めて構築し，他者に対し寛容な心で接しようとする道徳的判断力を育てる。

教材観

これまで自分が出会った人の中で，優しい人はどんな人かを思い出し，星五つに分けられた優しいレベルに当てはめていく。星０は優しくないではなく，星０が普通と基準を置き，少し優しい人は星一つ，すごく優しい人を星五つとしてレベル分けを実施していく。

これまで出会った人だけを基準にしてしまうと，議論の際に共通の基準を設けにくくなるため，あえてみんなが知っているアニメ『ドラえもん』の登場人物である「ドラえもん」と「ジャイアン」を共通人物として登場させた。そこの判断基準をベースに議論を進めていくことで，生徒の議論をより深めやすくすることをねらいとした。

また，これまで自分が「優しさ」を感じた場面をたくさん思い出し共通点を見える化することで，自分の中での判断基準を整理することにつなげる。そのうえで，優しい人とはどんな人なのかを考えることで，普段無意識に使っていた「優しい」という言葉の意味と本質を改めて考え直すことにつなげていく。

指導案

○授業

段階 時間	学習活動	発問等と予想される反応	指導上の留意点
導入 15分	(1)自分で一生懸命考える。 【個人活動】 ①「優しくされる側」の視点から優しさを考える。 ・ワークシート1の星1〜5に当てはまる人物を考える。 ・(6)(7)の「ドラえもん」と「ジャイアン」については自分が考える優しいレベルを考え、星を塗る。 ②これまでに優しさを感じた瞬間を思い出す。 ③自分が考える優しさの判断基準がどこにあるのかを考える。 【ファーストアンサー作成】	【発問】 ①「自分の周りの優しい人はどんな人ですか。」 →これまで出会ってきた人の中で、星のレベルに合わせて自分が優しいと考える人を考える。 ・生徒たちから、星一つがどのくらいのレベルかといった質問が出るかもしれないが、その基準を考えることが大切なので、自分で考えるよう伝える。 【発問】 ②「優しさを感じたのはどんな瞬間でしたか。」 →①で考えた優しい人がとった行動でもよいし、そうでなくてもよいので、他人がとった自分への行動で優しいと感じた場面をできるだけ多く考える。 【発問】 ③「あなたは優しさを何で判断しましたか。」 →②で出た場面の共通点を探し、日頃無意識に判断している「優しさ」の基準を言語化する。 【発問】 ④「優しい人の定義は何ですか。」 →①〜③で考えた他人から受けた優しさを基に、「優しい人」の定義を個人で考える。	「優しさ」の基準は自分で考えてほしいため、深く説明はしない。 もし思い浮かばないようであれば、クラスや学年の仲間、家族で考えてもよいなど、アドバイスをする。 これまで「優しい」と感じた場面が多くあったはずなので、その点を思い出すようアドバイスをする。 優しさを感じた場面の中に共通点があるはずなので、そこから判断基準を考えるよう伝える。
展開 ① 5分	(2)自分の意見を発表する。 　人の意見を聞く。 【班活動】 ①私が考える優しい人と、「ドラえもん」と「ジャイアン」の優しさが星いくつかを発表する。	・人の意見に耳を傾ける時間であることを意識し、疑問に思ったことを後のディスカッションにつなげる。 ①意見の違いが後のディスカッションにもつながるため、どのような違いがあるのかに注目する。	第2章1節「道徳的知の探究的な授業の進め方」を参照。 発表を聞きながら、ディスカッションのイメージをもてるように声かけをする。

	②自分にとって「優しい人」の定義は何かを発表する。	②次のディスカッションにおいての中心議題になるということを意識する。	メモは必要なことだけを書き取るよう指示をする。発表者は端的に発表するよう促す。
展開② 15分	(3)相手の意見を受け入れ，自分の考えを深める。 【班活動】 ③それぞれの意見を聞き，「優しさとは何か」をグループで話し合う。	・相手が考えたことをさらに深められるような質問をする。 ・人の意見を受け入れ，自分の思考を深める。 【中心発問】 ③「優しさとは何ですか。」 →「優しくされる側の視点」から，議論を深め，考える。 【補助発問】 例：「ドラえもんはのび太の自立心を奪っているから優しくないという意見についてどう思う。」 「ジャイアンは日頃怖いけど，困ったときにのび太を助けてくれるから優しいという意見についてどう思う。」 「厳しく注意してくれるのは自分のことを思ってくれているからだという意見がありますが，どう。」 など，議論が深まる発問をする。	多面的な発言が出やすくなるよう，グループの中の意見を聞きながら，発問，応答を繰り返す。 一人１回は深めるための質問をするよう投げかける。 生徒の意見が偏りがちな場合は，教員がグループに入り，いくつかの質問を投げかける。
展開③ 5分	【ファイナルアンサー作成】 【個人活動】 ④「優しさとは何か」のファイナルアンサーを考える。	・これまでのディスカッションを参考に，思考を深める。 【発問】 ④「優しさとは何ですか。」 →「優しくされる側」の視点から「優しさとは何か」を考える。 ・ファーストアンサーとファイナルアンサーの変化に気づく。	思考を深めることの重要性を伝える。 もう一度自分で一生懸命考えさせる。 視点の変化について触れる。
終末 10分	本時のふりかえりとまとめ 【個人活動】 ・自己評価	【補助発問】 「優しさの基準は一つですか。」 →日頃何気なく使っている言葉でも，人によって判断基準が違うということに気づく。 ・自分なりの答えが出たことに気づく。 ・評価の四つの柱を意識できたかを自己評価する。	自分の判断基準が本当に正しいかどうか疑問をもつ。 新たな疑問や自分の考えについてまとめる。

（高野阿草）

優しさとは何か

年　　　組　　　番　名前
_____

1　「自分で」一生懸命考えましょう

　Q1．これまで出会った人の中で優しい人ってどんな人？

　(1)_____　(2)_____　(3)_____　(4)_____
　　優しい：★☆☆☆☆　優しい：★★☆☆☆　優しい：★★★☆☆　優しい：★★★★☆

　(5)_____　(6)　ドラえもん　　(7)　ジャイアン
　　優しい：★★★★★　優しい：☆☆☆☆☆　優しい：☆☆☆☆☆

　Q2－1．「優しさ」を感じたのはどんな瞬間でしたか？

　Q2－2．あなたは「優しさ」を何で判断しましたか？

　●　ファーストアンサー

私が考える「優しい人」とは， 　　　　　　　　　　　　　　　　　　　　　　　　　　人です。

2　発表（「人の」意見に耳を傾ける）

名前	メモ	ドラえもん	ジャイアン

3　ファーストアンサーを参考にしながら、「優しさ」とは何かをグループで話し合いましょう。また、グループで出た意見をメモしておきましょう。意見をまとめる必要はありません。
（「人の」意見に耳を傾ける＋相手の意見を受け入れ、自分の考えを「深める」）

　　○ 考えをさらに深められる質問 をしましょう！　1人1回は質問すること！

```
メモ



```

　● ファイナルアンサー

```
私が考える「優しさ」とは、



                                                    です。
```

4　本日の気づきと疑問

```




```

5　自己評価をしましょう
　(1)「自分で」一生懸命考えられた………………………（ 4 ・ 3 ・ 2 ・ 1 ）
　(2)「人の意見」に耳を傾けられた………………………（ 4 ・ 3 ・ 2 ・ 1 ）
　(3)考えを深める「質問」ができた………………………（ 4 ・ 3 ・ 2 ・ 1 ）
　(4)相手の意見を受け入れ、自分の考えを「深め」られた……（ 4 ・ 3 ・ 2 ・ 1 ）

●対象学年：中学1年生　●実施時期：6月下旬

仲間になるためには何が必要か

内容項目：B－(8)友情，信頼
関連項目：B－(6)思いやり，感謝　B－(7)礼儀　B－(9)相互理解，寛容　C－(10)遵法精神，公徳心
　　　　　C－(11)公正，公平，社会正義　C－(15)よりよい学校生活，集団生活の充実

テーマ設定の理由

(1) ねらいとする価値について

　中学生には，クラス・学年・学校・部活動など，中学校生活の中だけでも所属する集団が多数存在する。そのような集団の中でともに過ごす同級生の中には，気の合う人もいれば，そうではない人も存在する。本来，集団の中に価値観の違いや，得意・不得意が違う人が集まるからこそ，お互いに学び合うことができ，よい集団になっていくことができる。しかし，中学生は気の合う友達とは協力できても，そうでない人と協力することを苦手とする生徒が多い。「友達」と「仲間」を混同してしまいがちな中学1年生の時期だからこそ，「仲間づくり」のあり方を考えるきっかけとする。

　まず，本時のはじめに「友達」と「仲間」の違いを考える中で，「友達」は自分から選ぶことができるのに対し，「仲間」は自分の意思では選べないことに気づかせたい。そこから，クラス・学年・部活動は「仲間」として一つの目標に向かって進んでいく集団であるという意識をもち，そのうえで自分の短所・長所を考え，班の仲間の長所を探すことで，集団には多様性が存在し，その多様性こそがお互いを成長させる要因であることに気づかせたい。集団として一つの目標に向かっていく中で，気が合う，合わないだけで物事を判断していては同じ方向に進むことができないことに気づいてほしい。

　常に集団に所属して生きている私たちだからこそ，自分の果たすべき責任と役割を意識して行動していくことが大切であり，よい集団を築くためには自らの行動に責任をもたなければならない。同じクラス・学年にいる仲間たちとの奇跡的な出会いを価値あるものに変えていくためにも，他人との関係の中で自分の取るべき行動を改めて考え直し，集団の中での自分の責任について考えることをねらいとする。

(2) 生徒の実態について

　中学1年生の段階では，「友達」には思いやりをもって接することを心がけられても，「仲間」である同級生の中で，気の合わない人とは関係を築くことが難しく，ひどい場合だと排除してしまうこともある。また，集団の中で「友達」と「仲間」を混同してしまい，自分が果たすべき責任や役割を考えられず，自分がやりたいかやりたくないかで物事を判断している生徒も多く存在する。

そこで，「友達」と「仲間」の違いを考え，クラス・学年・部活動といった自らの意思とは関係なく集まった人たちと，よい仲間になるためには何が必要かを考えることで，集団の中で自分が果たすべき責任について考えるきっかけとしたい。そして，偶然よい仲間が集まることができたからよい集団になれるのではなく，一人ひとりがよい仲間になろうとするからよい集団になっていけるということに気づくことで，クラスや学年の仲間の違いを受け入れ，お互いに高め合える，多様性溢れる集団を目指してほしい。

授業のねらい

　「友達」と「仲間」の違いを考え，仲間になるためには何が必要かを思考し，議論を深めることを通して，仲間の多様性を受け入れ，お互いに高め合える人間関係を構築しようとする道徳的実践意欲と態度を育てる。

教材観

　導入部分で仲間と友達の違いを個人で考えた後，ファーストアンサーである仲間になるためには何が必要かを考える。その後に，あえて辞書で示されている友達と仲間の違いを提示することで，クラス・学年・部活動といった集団は，気の合う「友達」の集まりではなく，一つの目標に向かって進んでいく「仲間」であるということに気づかせたい。

> ○友達
> 　互いに心を許し合って，対等に交わっている人。一緒に遊んだりしゃべったりする親しい人。友人。
> ○仲間
> 　心を合わせて何かを一緒にするという間柄をかなりの期間にわたって保っている人。そういう間柄。

　また，よい仲間になっていくためには，自己分析と他者理解が必要である。そこで，自分の長所と短所を考えることと，班の仲間の長所を考えることを時間内に取り入れる。班の仲間から短所を指摘されると，中学1年生としては受け入れ難いと判断し，あえて長所のみを班の仲間に関しては考えることにした。また，自己分析に関しては，他者から見てこう思われているだろうという客観的視点を取り入れて考えるよう促すことで，集団の中での自分を意識させる。
　自分が思う自分と，他人から見た自分。自分から見た仲間と，他人から見た仲間。さまざまな見え方があることに気づき，よい仲間になるためには何が必要かを考える材料としたい。

指導案

○授業

段階 時間	学習活動	発問等と予想される反応	指導上の留意点
導入 20分	(1) 自分で一生懸命考える。 【個人活動】 ①「友達」と「仲間」の違いを考える。 ・友達と仲間の定義を発表。 ・友達と仲間の定義を知る。 【ファーストアンサー作成】 ②仲間になるためには何が必要か考える。 ③自己分析と他者理解を深めるため、自分の長所・短所、班の仲間のよいところを考える。	【発問】 ①「友達と仲間の違いは何ですか。」 →「友達」と「仲間」の違いを言語化する。 ・個人で考える時間をとった後、生徒に発表させ、考えをまとめていく。 ・辞書にある友達と仲間の定義を示すことで、仲間とは何かについて理解する。 【発問】 ②「仲間になるためには何が必要ですか。」 →自分の考えをまとめる。 【発問】 ③「自分の長所・短所と、自分が思う班の仲間のそれぞれのよいところは何ですか。」 →よい仲間になるためには、自己分析と他者理解が必要であることを伝える。	これまでの経験を基に、友達と仲間をどう使い分けてきたかを質問する。 「友達」と「仲間」の違いを発表させ、黒板に書く。 後の議論につなげるため、「仲間」の定義を統一する。 自分の長所・短所は他人から見てどう思われているかを意識して考えるよう促す。
展開 ① 5分	(2) 自分の意見を発表する。 人の意見を聞く。 【班活動】 ①自分の長所・短所、班の仲間のよいところを発表する。 (3) 相手の意見を受け入れ、自分の考えを深める。 【班活動】 ②それぞれの意見を聞き、「仲間になるためには何	・人の意見に耳を傾ける時間であることを意識し、疑問に思ったことを後のディスカッションにつなげる。 ①意見の違いが後のディスカッションにもつながるため、どのような違いがあるのかに注目する。 ・相手が考えたことをさらに深められるような質問をする。 ・人の意見を受け入れ、自分の思考を深める。 【中心発問】 ②「仲間になるためには何が必要で	第2章1節「道徳的知の探究的な授業の進め方」を参照。 発表を聞きながら、ディスカッションのイメージをもてるように声かけをする。 メモは必要なことだけを書き取るよう指示をする。 多面的な発言が出やすくなるよう、グループの中の意見を聞きながら、発問、応答を繰り返す。 一人1回は深めるための質

展開② 15分	が必要ですか。」をグループで話し合う。	すか。」 →ファーストアンサーを発表しながら議論を進める。 →また，それぞれが感じた仲間の長所の違いにも触れながら議論を深める。	問をするよう投げかける。
	③多様性を受け入れることの重要性について気づき，より深い議論をする。	【補助発問】 ③「みんなから見た先生たちはよい仲間ですか。」 →多様性を受け入れることに目を向けさせるため，議論の途中で，学年団（担任と学年主任）の写真を見せ，教員も一つの集団であることを説明する。 →それぞれの個性を例に出し，性格がバラバラな教員集団がどうやってよい仲間になっていこうとしているかを考えさせる。	「友達」と「仲間」の違いを改めて意識させ，それぞれの長所がそれぞれの短所をカバーし，よい集団になっていくことに気づかせる。
展開③ 5分	【ファイナルアンサー作成】 【個人活動】 ④「仲間になるためには何が必要ですか。」のファイナルアンサーを考える。	・これまでのディスカッションを参考に，思考を深める。 【発問】 ④「仲間になるためには何が必要ですか。」 ・ファーストアンサーとファイナルアンサーの変化に気づく。	思考を深めることの重要性を伝える。 もう一度自分で一生懸命考えさせる。 視点の変化について触れる。
終末 5分	本時のふりかえりとまとめ 【個人活動】 ・自己評価	【補助発問】 「みんなは仲間になれていますか。」 「どんな仲間になりたいですか。」 →集団の中で，自分が果たすべき責任と役割について考える。 →自分自身が今後どう行動していくべきか，日常とつなげて考える。 ・自分なりの答えが出たことに気づく。 ・評価の四つの柱を意識できたかを自己評価する。	これから集団の中でどう行動していくべきか考える質問を投げかける。 新たな疑問や自分の考えについてまとめる。

（髙野阿草）

仲間になるためには何が必要か

年　　　組　　　番　名前

1　「自分で」一生懸命考えましょう

Q1．友達と仲間の違いは何ですか？

● ファーストアンサー

私が考える「仲間になるために必要なこと」は，
です。

Q2．仲間と最強のチームをつくるためには，自分のこと，そして仲間のことを知ることが必要です。自分の長所と短所，班の仲間の「よいところ」を考えましょう。

私	長所	短所

班の仲間	よいところ

2　発表（「人の」意見に耳を傾ける）

名前	よいところ	その人が思っている自分の短所

3 ファーストアンサーを参考にしながら,「仲間になるためには何が必要か」をグループで話し合いましょう。

また,グループで出た意見をメモしておきましょう。意見をまとめる必要はありません。
(「人の」意見に耳を傾ける＋相手の意見を受け入れ,自分の考えを「深める」)

○ 考えをさらに深められる質問 をしましょう！　1人1回は質問すること！

メモ

● ファイナルアンサー

私が考える「仲間になるために必要なこと」は,

です。

4　本日の気づきと疑問

5　自己評価をしましょう
(1)「自分で」一生懸命考えられた……………………………(4 ・ 3 ・ 2 ・ 1)
(2)「人の意見」に耳を傾けられた……………………………(4 ・ 3 ・ 2 ・ 1)
(3)考えを深める「質問」ができた……………………………(4 ・ 3 ・ 2 ・ 1)
(4)相手の意見を受け入れ,自分の考えを「深め」られた……(4 ・ 3 ・ 2 ・ 1)

● 対象学年：中学2年生　　●実施時期：12月中旬

○○中学校の生徒として大切にしたいこと

内容項目：B－(6)思いやり，感謝
関連項目：C－(15)よりよい学校生活，集団生活の充実　　C－(16)郷土の伝統と文化の尊重，郷土を愛する態度
　　　　　C－(17)我が国の伝統と文化の尊重，国を愛する態度

テーマ設定の理由

（1）ねらいとする価値について

　日本は世界から見て信用が高い国だと言われることが多い。しかし，日本で生活をしている生徒たちはその価値に気づくことが難しく，日常の中にある誇りを見逃してしまっている。そこで，本時では事前に「世界に誇れる日本の○○」という問いを設定し，生徒たちに日本の誇れるさまざまな文化等について調べ，当日の授業の中で発表する場を設けることで，日本に溢れるさまざまな誇りに気づかせたい。

　そのうえで，日本はなぜ世界から信用される国になれたのかを考えるために，日本の誇れる文化の根底にあるものは何かを考えさせることを一番のねらいとする。今，自分が生活をしている日本という国において，誇りに思えるモノがどの程度あるのかを知るだけでなく，その結果を生み出した根底に何があるのかを考えることで，集団の価値を決めるのはそこに所属する人たち一人ひとりの行動であることに気づいてほしい。日本の信用が高いのは私たちの日々の行動の結果ではなく，これまで日本という国を支えてきてくれた先人たち一人ひとりの行動が生み出した結果である。日本という国が大切にしてきた思いやりや，見えない部分を大切にする謙虚さ，責任感の強さなどに気づく中で，自分たちの生活が多くの人の優しさに支えられ成り立っていることに気づかせたい。

　そして最後には，集団の価値はそこに所属する一人ひとりの行動によって決まるということを自分たちの生活に置きかえて考える。「○○中学校の生徒として大切にすべきことは何か」という問いを最後に投げかけることで，集団に所属する責任を常に意識し，他者への思いやりや感謝の気持ちをもった行動を心がけていけるようになってほしい。

（2）生徒の実態について

　生徒たちはクラス・学年・学校・国といった複数の集団に所属し生活している。しかし，集団に所属している意識はそれほど高くなく，自分が集団に与える影響についても同様である。
　また，中学生は頭では思いやりや感謝の心が大切だとわかっていても，行動で表すことが難しい年齢である。公共の場でのマナーや校内でのルールに対し，注意されれば意識できるが，自らの判断でそれらを守ることは難しい。また，自分が周囲から与えられている見えない部分の思いやりや優しさに気づくことが難しく，目の前の損得だけで物事を判断してしまいがちで

ある。自らの行動が自分が所属する集団の価値を決めているという事実に気づくことで、今の自分の行動を改めて見つめ直し、集団に所属する責任と意識を高めることにつなげたい。

授業のねらい

　日本の誇りが生まれる根底にあるものが何かを考え議論し、集団の価値はそこに所属する一人ひとりが決めるということに気づくことで、自らの行動を改めてふりかえり、集団の一員であるという自覚と責任をもち行動しようとする道徳的判断力と実践意欲を育てる。

教材観

　本時の最大のねらいは、誇りになる文化が生まれる根底には何があるのかを考えさせることだが、生徒たちに誇りをもつということを理解させることが難しいと考えた。そこで、事前に「世界に誇れる日本の〇〇」について調べ、1分間の発表準備をすることにした。導入として使用したのは、日本の空港の手荷物受け取りのターンテーブルの写真と動画である。外国の写真と比較し、何が違うのかを考えさせた。

　関西国際空港は2015年から4年連続でベスト・バゲッジ・デリバリーという部門で国際空港第1位を受賞している。1994年の開港以来、関西国際空港が起因となるロストバゲージがないことや、マニュアルにはないにもかかわらず、利用者が荷物を受け取りやすいようスーツケースを縦に置き、丁寧に持ち手を揃えるおもてなし精神の素晴らしさが評価された結果である。このように、日本には世界から賞賛されているものがたくさんあり、それらを調べ発表し合うことで、自分が所属する日本という一つの集団の一員であることに誇りをもつということを第一のステップとした。

指導案

○授業実施2日前のSHR（ショートホームルーム）

段階 時間	学習活動	発問等と予想される反応	指導上の留意点
	(1)自分の意見に根拠をもち、一生懸命考える。 ①関空の手荷物受け取りの写真から気づくことを考える。	【発問】 ①「この写真の何がすごいかわかりますか。」 →関空の手荷物受け取りのターンテーブルの写真と動画を見せ、生徒に何がすごいかを考えさせる。	日本の誇りについて考えるきっかけとなる問いになることを意識する。

10分	②海外との比較の中で，日本のおもてなし精神について気づく。	【発問】 ②「さっきの写真との違いは。」 →日本ではない国の空港の手荷物受け取りのターンテーブルの写真を見せ，違いから日本の空港のすごさについて気づかせる。 【指示】 ・関空の手荷物受け取りの際に，すべてのスーツケースを取りやすいよう取っ手を上に向けている点や，タグが見えるようにして流している事実を伝え，日本が大切にする思いやりの精神について話をする。 ・次回のテーマは「世界に誇れる日本の○○」であることを伝える。	生徒に自由に発言をさせる。 誇れる○○が主観ではなく，根拠に基づいていることが大切であることを伝える。自分が大切にしたい日本の文化や精神について調べ，根拠をもったうえで次回の授業で発表することを伝える。

○授業

段階 時間	学習活動	発問等と予想される反応	指導上の留意点
導入 10分	(2)**自分の意見を発表し，人の意見を聞く。** 【班活動】 ①考えてきたプレゼンを一人１分で発表する。	・人の意見に耳を傾ける時間であることを意識し，疑問に思ったことを後のディスカッションにつなげる。 【発問】 ①「世界に誇れる日本の○○は何ですか。」 →発表を準備してきているので，ワークシートの☐の中と，そう言える根拠についてまとめる。 →例：雨の日の荷物カバー，電車の時間，トイレの温水洗浄便座	根拠を大切に発表するように伝える。 メモは必要なことだけを書き取るよう指示をする。
展開 ① 20分	(3)**相手の意見を受け入れ，議論を深める。** ①根底を考えることが，本時の本題であるため，時間をかけて考える。	・相手が考えたことをさらに深められるような質問をする。 ・人の意見を受け入れ，自分の思考を深める。 【指示】 ・各班で出た「世界に誇れる日本の○○」の中で，面白い観点のものを一～二つずつ発表させ，クラスで共有する。 【中心発問】 ①「誇りに思える○○の根底にあるものは何ですか。」 →関空の事例で説明をする。 →関空の荷物の並べ方の根底にあるのは，「思いやり」「優しさ」「責任感」「丁寧	第２章１節「道徳的知の探究的な授業の進め方」を参照。 根底にたどり着くまでの議論が難しいため，教員は各班を回りアドバイスをする。 多面的な発言が出やすくなるよう，グループの中の意見を聞きながら，発問を繰り返す。

	・班で一人メモ係を決め，みんなの意見や質問が書かれた付箋紙を貼りながらまとめていく。	さ」などがあげられる。 ・すぐに根底が出てくるわけではないので，根底にたどり着くまで「なぜ？」を繰り返し，議論を深めていくようアドバイスをする。	できる限りたくさんの意見を付箋紙に書き，整理していくよう伝える。
展開② 10分	(3)相手の意見を受け入れ，自分の意見と考えを再構築する。 【個人活動】 ③根底を自分事に置きかえたとき，自分はどれぐらい大切にできているか考える。 ④先人が築き上げた財産について気づくことで，集団の価値を決めるのは，そこに所属する一人ひとりであることを理解する。 【マイアンサー作成】 ⑤「○○中学校の生徒として大切にしたいことは何ですか。」	・これまでのディスカッションを参考に，思考を深める。 【指示】 ②班で出た意見の中から，誇りを生み出す根底になっていると思うものを5～10個選びワークシートに書いてもらう。 【発問】 ③「今の自分はどのくらい大切にできていますか。」 →ワークシートに書いた根底を，今の自分はどのくらい大切にできているか，☆五つで判断する。 【説明】 ④今，日本が世界から賞賛される現状をつくってくれたのは，先人であり，私たちではないことを説明する。 【発問】 ⑤「○○中学校の生徒として大切にしたいことは何ですか。」 →日本と同じように，今自分が所属する学校が信用される学校になるために，自分は何を大切にしなければならないかを考える。	ここまでの議論をふりかえり，もう一度自分と向き合うように伝える。 個人と集団の関係について理解させる。 自分事に置きかえ，日常とつなげられるよう促す。
終末 10分	本時のふりかえりとまとめ 【個人活動】 ・今自分がいる場所を誇れる場所になるためには，自分の行動が大切ということに気づく。 ・自己評価	【補助発問】 「集団の価値を決めるのは何でしょう。」 「今の自分は日本代表としてどうですか。」 「今の自分は学校代表としてどうですか。」 →一人ひとりの行動がその集団の価値を決めるということを伝え，ふりかえりに入る。	今回考えたことを少しずつ行動に移していくよう伝える。

(高野阿草)

○○中学校の生徒として大切にしたいこと

年　　　組　　　番　名前

1　「自分の意見に根拠をもち，一生懸命考える」

世界に誇れる日本の [　　　　　　　　　　]

根拠

2　発表＆質問「議論を深める」　メモ

名前	メモ	世界に誇れる日本の○○

3　議論「人の意見に耳を傾け，議論を深める」

根底にあるものは？

4 自分で考える「今の自分が大切にできていること」

今の自分のレベルを☆の数で表してみよう！

根底	レベル	根底	レベル
	☆☆☆☆☆		☆☆☆☆☆
	☆☆☆☆☆		☆☆☆☆☆
	☆☆☆☆☆		☆☆☆☆☆
	☆☆☆☆☆		☆☆☆☆☆
	☆☆☆☆☆		☆☆☆☆☆

5 マイアンサー「〇〇中学校の生徒として大切にしたいことは？」

　　　　　　　　　　　　　　　　　　　　　　　　　　　　　　　　　です。

理由

6 新たな気づき，新たな疑問

7 自己評価をしよう

(1)「自分で」一生懸命考えられた……………………………(4 ・ 3 ・ 2 ・ 1)
(2)「人の意見」に耳を傾けられた……………………………(4 ・ 3 ・ 2 ・ 1)
(3) 考えを深める「質問」ができた……………………………(4 ・ 3 ・ 2 ・ 1)
(4) 相手の意見を受け入れ，自分の考えを「深め」られた……(4 ・ 3 ・ 2 ・ 1)

●対象学年：中学1年生　●実施時期：12月中旬

本当の優しさとは何か

内容項目：C−⒂よりよい学校生活，集団生活の充実
関連項目：A−⑴自主，自律，自由と責任　B−⑹思いやり，感謝　B−⑻友情，信頼
　　　　　B−⑼相互理解，寛容

テーマ設定の理由

（1）ねらいとする価値について

　生徒たちの日常にはさまざまな「優しさ」が存在する。自分が普段「優しさ」と感じていることと，相手が感じる「優しさ」に違いがある場合，自分がよかれと思っていても「おせっかい」と受け取られてしまうこともある。どのような「優しさ」がよい優しさで，どのような「優しさ」が悪い優しさなのか。また，そこに境界を引くことができるのかなど，普段無意識の中で判断している「優しさ」の基準を，「優しくする側」の視点から深く思考することで，「本当の優しさ」とは何かを考える機会とする。

　本時については日常の事例を基に考えさせる中で，「優しさ」にはさまざまな視点があり，そのときの状況や相手との関係によって「優しさ」の基準が変わるということに気づかせながら「本当の優しさ」とは何かを考えさせる。

　また，最後には自分を主体とした「優しさ」と，相手を主体とした「優しさ」の違いや，される側の視点で考えていた「優しさ」と，する側の視点で考えた「優しさ」に違いがあるのかなど多角的な視点から問いを投げかけることで，思考を深めることを目指す。

　筆者の場合，本実践を2学期末に実施したが，多角的な視点から捉え，議論することで，残り数か月となった中学1年生の生活において，日常の中での行動を見つめ直すきっかけとする。同時に，数か月後には中学2年生となり先輩という立場になることを自覚させるために，今のままで「本当に優しい」先輩になれるかどうかを最後に問いかけ，考えさせる。

（2）生徒の実態について

　中学生は人間関係に関する悩みが多い時期である。だからこそ，友人に対してだめだとわかっていても注意できなかったり，見過ごしてしまうことが多い。また，自分が思う優しさと相手が思う優しさの違いからトラブルになることもある。

　中学1年生の生活にも慣れてきた時期だからこそ，相手の優しさに依存したり，自分を守るための優しさで相手に合わせてしまうなど，深い人間関係が築けていない生徒が多く見られた。

　そこで，実在しうるシチュエーションを題材にし，何が相手にとって本当に優しいのかを考えることで，自分が優しいと思いとっていた行動が，相手にとって本当に優しいと言えるかどうかを考え直すきっかけをつくることにした。班の仲間の多様な価値観に触れることで，「優

しさ」の定義はさまざまあるからこそ，相手の立場に立ち，行動していくことが必要だと感じてほしい。

授業のねらい

普段無意識の中で判断している「優しさ」の基準を，日常の事例に照らし合わせ「優しくする側」の視点から深く思考し，自分と他者との優しさの基準の違いを議論することを通じて，他者の立場に立ち物事を考え行動しようとする道徳的実践意欲と態度を育てる。

教材観

日常の中で起こりうるシチュエーションを想定し，その行動が「優しい」か「優しくないか」を考えさせる。今回はシチュエーションを3パターン（パターンA～C）用意して，なぜそう判断したかを議論する。その中で，人によって「優しさ」の定義が違うことに気づき，自らの行動を見つめ直すきっかけにしたい。

●パターンA　問：Bの行動は優しい？　優しくない？

> 水曜日のロッカー点検でいつも怒られているA。
> Bはいつも先生にお願いをされて，水曜日の放課後にAのロッカー整理を手伝ってあげています。水曜日の昼休み，Aのロッカーが開いていました。
> ロッカーの中を見てみると，相変わらずぐちゃぐちゃです。
> Bは「どうせ今日も手伝うなら先に片づけてあげよう！」と思い片づけてあげました。

●パターンB　問：Dの行動は優しい？　優しくない？

> AとBがCの悪口を言っています。
> それを聞いていたDは，そのことをそっとCに教えてあげました。

●パターンC　問：Aの行動は優しい？　優しくない？

> トイレの行列（5～6人）に並んでいるとき，小さな子どもが泣きそうな顔をして走ってきました。その子を気の毒に思い，先頭にいたAは自分の前に入れてあげました。

指導案

○授業

段階 時間	学習活動	発問等と予想される反応	指導上の留意点
導入 15分	(1)**自分で一生懸命考える。** 【個人活動】 ①「優しくする側の視点」から優しさを考える。 ・パターンA〜Cを提示し、自分の考えをワークシート1に記入する。 ・身近に起こっている日常の出来事に対し、自分ならどのような行動をとることが優しいのかを考える。 【ファーストアンサー作成】	【発問】 ①「あなたならこんなときどうしますか。」 →日常で起こりうるシチュエーションを提示し、自分ならどう行動するかを考える。 →日常で起こりうる事例に対し、自分ならどのような行動をとるのか、優しさの視点を大切にしながら考える。 ・生徒たちから、パターンA、Bの場合なら、友人関係の度合いはどの程度ですか、パターンCの場合は、自分が置かれている状況はどの程度のものですか、などの質問が出ると予想される。 【補助発問】 ②生徒たちから質問がなかったら教員から問いかける。 「相手との関係性によって答えは変わりますか。パターンCも自分の状況や周りの人の状況によって答えは変わりますか。」など。 【発問】 ③「あなたが考える優しい人とは。」 →①で考えた自分がとる行動を基に、「優しい人」の定義を個人で考える。	生徒自身に「優しさ」の基準をもって判断させたいため、あまり「優しさ」の定義には触れない。 場面の細かい背景や設定を教員が決めるのではなく、自分で考えるよう伝える。 判断基準が物事の背景によって変わるということに気づかせるような問いを投げかける。
展開 ① 5分	(2)**自分の意見を発表する。** 　　**人の意見を聞く。** 【小集団活動】 ①あなたならこんなときどうしますか、について発表する。 ②自分にとって「優しい人」の定義は何かを発表する。 ・二つの内容を含み、時間	・人の意見に耳を傾ける時間であることを意識し、疑問に思ったことを後のディスカッションにつなげる。 ①意見の違いが後のディスカッションにもつながるため、どのような違いがあるのかに注目する。 ②次のディスカッションにおいての中心議題になるということを意識する。	第2章1節「道徳的知の探究的な授業の進め方」を参照。 発表を聞きながら、ディスカッションのイメージをもてるように声かけをする。 メモは必要なことだけを書き取るよう指示をする。 発表者は端的に発表する

時間	活動	発問・内容	留意点
展開② 15分	(3)相手の意見を受け入れ，自分の考えを深める。 【班活動】 ③それぞれの意見を聞き，「本当の優しさとは何か」をグループで話し合う。	・相手が考えたことをさらに深められるような質問をする。 ・人の意見を受け入れ，自分の思考を深める。 【中心発問】 ③「本当の優しさとは何ですか。」 →「優しくする側の視点」から，議論を深め，考える。 【補助発問】 例：パターンCの場合 「もし相手が小さな子どもではなかったらどうしていましたか。」 「ただ列に入れてあげるのではなく，後ろの人のことを考えればどのような行動をとったらよいのでしょう。」 など，議論が深まる発問をする。	多面的な発言が出やすくなるよう，グループの中の意見を聞きながら，発問，応答を繰り返す。 一人１回は深めるための質問をするよう投げかける。
展開③ 5分	【ファイナルアンサー作成】 【個人活動】 ④「本当の優しさとは何か」のファイナルアンサーを考える。	・これまでのディスカッションを参考に，思考を深める。 【発問】 ④「本当の優しさとは何ですか。」 →「優しくする側」の視点から自分が考える「本当の優しさとは何か」を考える。 ・ファーストアンサーとファイナルアンサーの変化に気づく。	思考を深めることの重要性を伝える。 もう一度自分で一生懸命考えさせる。 視点の変化について触れる。
終末 10分	本時のふりかえりとまとめ 【個人活動】 ・自己評価	【補助発問】 「優しい形は一つしかないのでしょうか。」 「今のあなたは後輩にとって本当に優しい先輩になれますか。」 ・自分なりの答えが出たことに気づく。 ・物事の背景が見えることで，自分の思考や行動に変化が現れることに気づく。 ・評価の五つの柱を意識できたかを自己評価する。	自分の考えと行動がともなっているのかを投げかける。 「本当の優しさ」とは何かについて，さまざまな角度から捉えられるようにまとめる。

（高野阿草）

本当の優しさとは何か

年　　　組　　　番　名前

1 「自分で」一生懸命考えましょう

Q1．その行動は優しい？　優しくない？	そう感じたのはなぜ？
パターンA 優しい　・　優しくない	
パターンB 優しい　・　優しくない	
パターンC 優しい　・　優しくない	

Q2．優しい・優しくないの判断をした基準は何ですか？

● ファーストアンサー

私が考える「優しい人」とは， 　　　　　　　　　　　　　　　　　　　　　　　　　　　　人です。

2 発表（「人の」意見に耳を傾ける）

名前	メモ	A	B	C
		優しい ・ 優しくない	優しい ・ 優しくない	優しい ・ 優しくない
		優しい ・ 優しくない	優しい ・ 優しくない	優しい ・ 優しくない
		優しい ・ 優しくない	優しい ・ 優しくない	優しい ・ 優しくない
		優しい ・ 優しくない	優しい ・ 優しくない	優しい ・ 優しくない
		優しい ・ 優しくない	優しい ・ 優しくない	優しい ・ 優しくない
		優しい ・ 優しくない	優しい ・ 優しくない	優しい ・ 優しくない

3 ファーストアンサーを参考にしながら，「本当の優しさ」とは何かをグループで話し合いましょう。また，グループで出た意見をメモしておきましょう。意見をまとめる必要はありません。（「人の」意見に耳を傾ける＋相手の意見を受け入れ，自分の考えを「深める」）

○ 考えをさらに深められる質問 をしましょう！　1人1回は質問すること！

メモ

● ファイナルアンサー

私が考える「本当の優しさ」とは，

です。

4 本日の気づきと疑問

5 自己評価をしましょう
(1)「自分で」一生懸命考えられた……………………………（ 4 ・ 3 ・ 2 ・ 1 ）
(2)「人の意見」に耳を傾けられた……………………………（ 4 ・ 3 ・ 2 ・ 1 ）
(3)考えを深める「質問」ができた……………………………（ 4 ・ 3 ・ 2 ・ 1 ）
(4)相手の意見を受け入れ，自分の考えを「深め」られた……（ 4 ・ 3 ・ 2 ・ 1 ）
(5)今の自分は，ファイナルアンサーにどのくらい近づけている？
　　……………………………………………………………（ 4 ・ 3 ・ 2 ・ 1 ）

●対象学年：中学2年生　　●実施時期：6月

この世の中に笑いは必要か
～あなたは何を笑いますか～①

内容項目：C－⒂よりよい学校生活，集団生活の充実
関連項目：B－⑹思いやり，感謝　B－⑺礼儀　B－⑻友情，信頼　C－⑾公正，公平，社会正義

■ テーマ設定の理由

（1）ねらいとする価値について

　生活の中に溢れている「笑い」は，ともすれば差別やいじめと隣り合わせで成り立っている場合がある。こうした差別やいじめの「笑い」と感動・癒しの「笑い」を区別せず，単に楽しがっていると，教室に差別やいじめがクラスに内在化してしまう。

　その「笑い」を見つめ直すうえで，「笑えること」と「笑えないこと」の境界線があるのかなどを考えさせたい。相手を尊重する精神，他者への思いやりの心を身につけることを通して，それぞれの個性や立場を尊重し，さまざまなものの見方や考え方があることを理解させたい。また，自分が，自分たちが考える「笑い」が一般的に理解されている「笑い」なのか，自分の主張を疑うことでより深く考えることに努めさせたい。そのうえで，本当のあたたかい人間愛の精神に基づいた望ましい人間関係がつくれるように努力させたい。

（2）生徒の実態について

　日々の学校生活を集団で行う生徒にとっては，お互いを認め，助け合いながら成長していくことができるクラスが理想である。しかし，中学1年生後半から2年生にかけて「優れている生徒への妬み」「劣っている生徒への嫌悪」「異質なものを排除しようとする意識」など「いじめ」に対する意識が出始めるころだと考えこの時期にテーマを設定した。

　「いじめ」は，特別なクラスに起こるものではなく，生徒同士の少しのボタンの掛け違いから起こるものである。人が集団で生活する以上，どのクラスにも起こりうる可能性があるということ。「いじめ」は，どの生徒も被害者になる可能性と加害者（観衆，傍観者を含めて）になる可能性の両方を秘めているという認識がまだまだ低い現状があった。

　その現状の中で，特に生徒同士の発言で他者に対して悪気なく，貶すような発言をしたり，それを聞いている周囲にいる生徒も何気なく「笑っている」状況があった。その様子を見ていると今後「いじめ」に発展する雰囲気があったことと，日常何気なく「笑っている」ことで相手を傷つけてしまっていることに気づいてもらいたいという思いが背景としてある。

授業のねらい

　「笑い」に対する異なった事例を見て,「笑い」ということの本質について考え,そのうえで「笑えること」と「笑えないこと」の境界線を考えることを通じて,自分と他者の笑いの基準について改めて捉え直す道徳的判断力を養う。

教材観

　本教材は,「笑い」についての動画である。4種類の動画は,場面やその状況が違い,そこから生徒が「笑い」にも種類があり,その「笑い」のもつ力や意味について深く考えていくものである。一つ目の動画は,赤ちゃんが無邪気に自然と笑い,人間が生まれもつ,「笑顔」というものの素晴らしさから周囲も明るくする動画である。この動画からは,今の自分の笑顔と比較したり,このような笑顔が過去にあったことを思い出すなどの意見が出るということにつなげたい。二つ目は,動物や小さな子どもなどのハプニングから起こる突発的な笑いの動画である。物事がうまくいかなかったシーンで思わず笑ってしまうものである。学校生活の中でも場面は違えど,同じようなことは頻繁に起こる。そのときに当事者より周囲で見ている側(傍観者)としてどのような態度,行動をとるのかを考えてもらいたい。三つ目は,漫才の動画である。人のだめなところを面白おかしく話をし,観客に笑ってもらうという内容である。日常生活の中で何気なく発している言動や行動で友人,家族などを傷つけていることはないかに気づかせたい。最後は,ドラマでクラスメイトの一人がいじめられているシーンにおいて,直接いじめをしている生徒と,その状況を見て笑っている動画である。加害者はもちろんのこと周囲で笑っていることも加害者として考えるべきだと気づかせたい。

　それぞれの動画からは,「よい」「悪い」とどちらの答えも出るような内容となっている。答えが一つにならないよう,生徒の思考が広がるような動画を選んだ。当然教員自身としての答えはもっているもののその価値観を生徒に押しつけることのないように進めていく。

指導案

○授業

段階 時間	学習活動	発問等と予想される反応	指導上の留意点
導入 15分	【個人活動】 ・本時の流れについての説明と導入の発問に答える。 ①動画を4種類見る。 【ファーストアンサー作成】 ・ワークシート1・2・3について個人の主張をつくる。 ・ワークシートについては、設問1問ごとに時間を決めて記入させる。 ・付箋紙に意見を書く。	【発問】 ①「どのような笑いがありますか。」笑いの種類と自分の価値観を考える。 →どのような「笑い」があるのかを改めて考える。 →4種類の動画以外でも思いつく「笑い」を記載させる。 【発問】 ②「笑えることと笑えないことの境界線はどこですか。」 →何が基準になっているのかを考えることで自分自身の価値観を整理させ、次の発問へとつなげていく。 【中心発問】 ③「この世の中に笑いは必要ですか。」 →「必要」という答えがほとんどであることが予想される。なぜ、必要なのか。なかったらどうなるのか。両方の視点で考えられているのかということを発問する。 →「必要ではない」と発言している生徒の意見を周囲に発表して伝えることで、どのような意見をもつのか発問する。	生徒の考えを尊重するため、深くアプローチしない。 発問をすることはいいが現段階であまり深く考えさせるのではなく、一人で思考を深めていくヒント程度の助言にしておく必要がある。 意見が多く出る生徒と出ない生徒にかなりの差が出るが、その点について、それでも一人で考えるよう生徒に促す。
	・グループディスカッション 【小集団活動】 ①自分が笑っている内容について。 ②笑えることと笑えないことの境界線について。 ③笑いが必要か必要でないかについて。 ・三つの内容を含み、時間内にグループでまとめる。	・個人の意見を聞いたうえで【補助発問】 「この世の中に笑いがなくなったらどうなりますか。」 グループディスカッションを深いものへ。 ①について 「笑うことは、個人によって違いがあるのでしょうか。」 ②について 「笑えることと笑えないことの違いはどこにあるのでしょうか。」 ③について 「必要か必要でないかの決め手になっている根拠は何なのでしょうか。」 →グループ活動をしながら、発言を引き出し、内容を深めていく。	多面的な発言が出やすくなるよう、グループの中の意見を聞きながら、「なぜ。」「具体的に言うと。」などと【補助発問】を繰り返す。 本来これは生徒同士の中で質問が出てくるように促すことが重要。 発言の少ない生徒への問いかけをする。

展開 25分	・グループでの意見発表。 ・六つのグループから発表。 ・発表を聞いたうえで，もう一度中心発問に対する「問い」を考える。 【全体意見共有】	→時間がたりず，意見が深まらないことを予想しておく。 ・現時点での意見を出させる。 →新たな考え・価値に触れることで，また新たな疑問やモヤモヤ感が生まれる。	グループの意見を聞き，自分の主張との違いから考えることの大切さを問いかける。 各グループの発表から自分と自分のグループの考え方がどのように違うのか考えるよう促す。 自分の中での「笑い」についての考えを深める。
	【ファイナルアンサー作成】 ・個人で主張を再構築する。 【中心発問】 ・ファーストアンサーとファイナルアンサーの違いに気づかせる。 ・ワークシートを書く。 ・個人発表をする。	・これまで考えてきたことをさらに深く考えるよう発問する。 →思考の枠が狭かったことに気づき，思考することを自分の中で広げようとする。 ・想像力を働かせながら，自分なりの主張をつくることの面白さと難しさを感じる。 ・これまでの「笑う」ということとは，違った価値観について深く考えることから新たな「問い」が出る。	
終末 10分	・本時のふりかえりとまとめ ・自己評価を記載する。 ・次回授業に向けて，自分の主張をさらに深めさせる。	・自分なりの主張と問いができたことに気づく。 【中心発問】 「改めて聞きます。笑いは必要ですか。」 →日常の「笑い」について深く考え，自分の行動に活かすよう促す。 ・自分を見つめるために，自己評価する。	最後のワークシート記入時に，ふりかえりと新たな疑問が重要であることを伝える。

（西田　透）

この世の中に笑いは必要か 〜あなたは何を笑いますか〜 ①

年　　　組　　　番　名前
_____

1　笑いにはどのような笑いがあるか考える

2　「笑えること」と「笑えないこと」の境界線はどこなのかを考える

3　ファーストアンサー　※理由も合わせて自分の意見を！

私はこの世の中に「笑い」が【必要だ・必要ない】と考える。なぜなら,
だからである。

4　グループの考え【人の意見に耳を傾ける】

名前	意見

・質疑応答（人の意見に耳を傾ける＋相手の意見を受け入れ，自分の考えを「深める」）
・さらに理由を深められる質問をしよう！　<u>1人1回は質問すること！</u>

5 ファイナルアンサー

```
私はこの世の中に「笑い」が【必要だ・必要ない】と考える。なぜなら,



                                              だからである。
```

6 新たな気づき，新たな疑問

7 自己評価をしよう！
　(1)「自分で」一生懸命考えられた……………………………（ 4 ・ 3 ・ 2 ・ 1 ）
　(2)「人の意見」に耳を傾けられた……………………………（ 4 ・ 3 ・ 2 ・ 1 ）
　(3) 考えを深める「質問」ができた……………………………（ 4 ・ 3 ・ 2 ・ 1 ）
　(4) 相手の意見を受け入れ，自分の考えを「深め」られた……（ 4 ・ 3 ・ 2 ・ 1 ）

●対象学年：中学2年生　　●実施時期：6月

この世の中に笑いは必要か
～あなたは何を笑いますか～②

内容項目：C-⒂よりよい学校生活，集団生活の充実
関連項目：B-⑹思いやり，感謝　B-⑺礼儀　B-⑻友情，信頼　C-⑾公正，公平，社会正義

テーマ設定の理由

(1) ねらいとする価値について

「笑い」についてさらに深く考え，相手を尊重する精神，他者への思いやりの心を身につけることを通して，それぞれの個性や立場を尊重し，さまざまなものの見方や考え方があることを理解させる。特に，「笑えないこと」については，いじめにつながる事例であることを理解させる必要がある。それだけに，「笑えないこと」は，受け止める側の器の小ささの問題なのか，我慢をするべきことで解決することを受け止める側に求めるのか，笑っている側の無神経さなのか，具体的に自分がその立場であればどのような行動，考え方をするのかを深く理解させたい。

(2) 生徒の実態について

日々の学校生活を集団で行う生徒にとっては，お互いを認め，助け合いながら成長していくことができるクラスが理想である。しかし，中学1年生後半から2年生にかけて「優れている生徒への妬み」「劣っている生徒への嫌悪」「異質なものを排除しようとする意識」など，「いじめ」に対する意識が出始めるころだと考えこの時期にテーマを設定した。

「いじめ」は，特別なクラスに起こるものではなく，生徒同士の少しのボタンの掛け違いから起こるものである。人が集団で生活する以上，どのクラスにも起こりうる可能性があるということ。「いじめ」は，どの生徒も被害者になる可能性と加害者（観衆，傍観者を含めて）になる可能性の両方を秘めているという認識がまだまだ低い現状があった。

その現状の中で，特に生徒同士の発言で他者に対して悪気なく，貶すような発言をしたり，それを聞いている周囲にいる生徒も何気なく「笑っている」状況があった。その様子を見ていると今後「いじめ」に発展する雰囲気があったことと，日常何気なく「笑っている」ことで相手を傷つけてしまっていることに気づいてもらいたいという思いが背景としてある。

授業のねらい

前時における笑いの基準を踏まえ，笑いに対する「個人的な知識」と「共有された知識」を明らかにすることを通じて，自分の主張を捉え直し，あたたかい人間関係を積極的に築いてい

こうとする道徳的実践意欲と態度を育てる。

教材観

　本教材は、「笑い」についての動画である。4種類の動画は、場面やその状況が違い、そこから生徒が「笑い」にも種類があり、その「笑い」のもつ力や意味について深く考えていくものである。一つ目の動画は、赤ちゃんが無邪気に自然と笑い、人間が生まれもつ、「笑顔」というものの素晴らしさから周囲も明るくする動画である。この動画からは、今の自分の笑顔と比較したり、このような笑顔が過去にあったことを思い出すなどの意見が出るということにつなげたい。二つ目は、動物や小さな子どもなどのハプニングから起こる突発的な笑いの動画である。物事がうまくいかなかったシーンで思わず笑ってしまうものである。学校生活の中でも場面は違えど、同じようなことは頻繁に起こる。そのときに当事者より周囲で見ている側（傍観者）としてどのような態度、行動をとるのかを考えてもらいたい。三つ目は、漫才の動画である。人のだめなところを面白おかしく話をし、観客に笑ってもらうという内容である。日常生活の中で何気なく発している言動で友人、家族などを傷つけていることはないかに気づかせたい。最後は、ドラマでクラスメイトの一人がいじめられているシーンにおいて、直接いじめをしている生徒と、その状況を見て笑っている動画である。加害者はもちろんのこと周囲で笑っていることも加害者として考えるべきだと気づかせたい。

　それぞれの動画からは、「よい」「悪い」とどちらの答えも出るような内容となっている。答えが一つにならないよう、生徒の思考が広がるような動画を選んだ。当然教員自身としての答えはもっているもののその価値観を生徒に押しつけることのないように進めていく。

　前時の授業からは「笑い」ということがどういうことなのかという概念的な点について認識を深めることはできたが、本質的な点については、議論を深められていないため、前時のワークシートを基に自分の考えをもう一度ふりかえることでより議論を深めるものとする。また、動画については、本時が始まるまでに同じ動画を見せることで、前時に自分が感じていたことや主張を改めて考え直すことをさせる。

指導案

○授業

段階 時間	学習活動	発問等と予想される反応	指導上の留意点
導入 10分	【個人活動】 ・本時の流れを確認する。 ・前回のワークシートを見て，自分の主張を振り返る。 ・ワークシート1・2のそれぞれ個人の主張をつくる。 【ファーストアンサー作成】 ・付箋紙に意見を書き，個人の意見を発表する。	・ディスカッションを2回すること。その目的を伝える。 ・前回のふりかえりから新たな考え方がわいてくる。 →前回からの変化がなく，主張が深まらない。 【発問】 ①「普段何を笑っていますか。」 →普段何気なく「笑っていること」への価値観を整理する。 【発問】 ②「笑えないことは，受け止める側の問題なのか。あるいは笑っている側の問題なのか。」 【発問】 ③「笑っている側に問題があるということになりやすいが，なぜそうなのか，笑われている側には問題がないのか，両方の視点で考えられていますか。」 ・個人の意見がまとまらない。 ・周囲の意見を気にする。 ・他の生徒の意見から個人の意見を深める。	生徒の考えを尊重するため，深くアプローチしない。 【補助発問】をすることはいいが現段階であまり深く考えさせるのではなく，一人で思考を深めていくヒント程度の助言にしておく必要がある。 意見が多く出る生徒と出ない生徒にかなりの差が出るが，その点について，それでも一人で考えるよう生徒に促す。
	グループディスカッション 1回目【小集団活動】 ①自分が笑っている内容について。 ②笑えないことは，受け止める側の問題なのか，あるいは笑っている側の問題なのか。 ・二つの内容を含み，時間内にまとめ，発表する。 ・グループでの意見発表を	・個人の意見を聞いたうえでグループディスカッションを深いものへ。 ①②について 【補助発問】 「笑うことは，個人によって違いがありますか。」 →グループ活動をしながら，発言を引き出し，内容を深めていく。時間がたりず，意見が深まらないことを想定しておく。 ・現時点での意見を出させる。 →新たな考え・価値観に触れることで，	多面的な発言が出やすくなるよう，グループの中の意見を聞きながら，「なぜ。」「具体的に言うと。」など【補助発問】を繰り返す。 発言の少ない生徒への問いかけをする。 人の意見を聞き，自分の主張との違いから考える

展開 35分	三つのグループから発表。 【全体意見共有】 ・発表を聞いたうえで新たな「問い」を考える。 グループディスカッション2回目【小集団活動】 ③個人の知識なのか。共有されたものなのか。 ・二つの内容を含み、グループの意見を発表する。 ・グループでの意見発表。 【全体意見共有】	また新たな疑問やモヤモヤ感が生まれる。 ・笑っている側と受け止める側の問題に気づき始め、自分なりの「問い」を考える。 【補助発問】 「自分たちの主張がどの視点のものなのでしょうか。」 「自分が受け入れる側だったらどうですか。笑っている側だったらどうですか。」 →これまで考えてきたことをさらに深く考えるよう発問する。 →思考の枠が狭かったことに気づき、思考することを自分の中で広げようとする。 →想像力を働かせながら、自分なりの主張をつくることの面白さと難しさを感じる。	ことの大切さを問いかける。 個人の知識と共有された知識についての理解を深める問いかけをする。
	【ファイナルアンサー作成】 ・個人での主張をつくる。 ・ワークシートを書く。 ・個人発表をする。	【中心発問】 「あなたはこれから何を笑いますか。」 →これまでの「笑う」ということとは、違った価値観について深く考えることから新たな「問い」が出る。 ・授業2回分のワークシートを見てどのような変化があったのか気づかせる。	自分の中での「笑い」についての考えを深める。
終末 5分	・本時のふりかえりとまとめ ・自己評価を記載する。	・自分なりの主張と問いができたことに気づく。 ・日常の「笑い」について深く考え、自分の行動に活かすよう促す。 【発問】 「これから何を笑いますか。」 ・自分を見つめるために、自己評価する。	日常の行動にどのように活かしていくのかを問いかける。

(西田　透)

この世の中に笑いは必要か 〜あなたは何を笑いますか〜 ②

年　　　組　　　番　名前

　前回は，「なぜ笑いが必要なのか」という点についての深まりが出たように思いますが，本日は，その中でも「あなたは何を笑いますか」ということについて，より深く考えてみましょう！

1　普段あなたは何を笑っていますか【ファーストアンサー】

2　「笑えないこと」というのは，受け止める側の心の狭さの問題なのか。あるいは，笑っている側の無神経さの問題なのでしょうか

3　グループの考え【人の意見に耳を傾ける】

名前	意見

・質疑応答（人の意見に耳を傾ける＋相手の意見を受け入れ，自分の考えを「深める」）
・さらに理由を深められる質問をしましょう！　1人1回は質問すること！

4　グループで出た結論は，【個人的な知識】なのか，【共有された知識】なのか，理由も含めて書きましょう

【個人的な知識】

【共有された知識】

5　あなたは，何を笑いますか【ファイナルアンサー】

6　新たな気づき，新たな疑問

7　自己評価をしましょう！
(1)「自分で」一生懸命考えられた……………………………（　4　・　3　・　2　・　1　）
(2)「人の意見」に耳を傾けられた……………………………（　4　・　3　・　2　・　1　）
(3)考えを深める「質問」ができた……………………………（　4　・　3　・　2　・　1　）
(4)相手の意見を受け入れ，自分の考えを「深め」られた……（　4　・　3　・　2　・　1　）

● 対象学年：中学2年生・3年生　　●実施時期：7月中旬

環境危機を人類は止めることができるのか

内容項目：D―⒇自然愛護
関連項目：A―⑸真理の探究，創造　C―⒅国際理解，国際貢献　D―⒆生命の尊さ
　　　　　D―㉒よりよく生きる喜び

テーマ設定の理由

(1) ねらいとする価値について

　近年注目されているSDGs（持続可能な開発目標）では，持続可能な世界を実現するための17のゴールが設定されており，そのいくつかは環境に密接に関連している。日本でも，環境省が目標を達成するために，気候変動，クリーンエネルギー，持続可能な消費と生産等の分野において積極的に取り組みを進めている。

　持続可能な社会の実現はこれからの未来を生きる中学生にとって重要な課題である。異常気象が原因とも言われている豪雨の影響や，日本をはじめとした世界各地で報告される酷暑など，これまで以上に自然との共存のあり方を考えるきっかけが増えてきた現代だからこそ，持続可能な社会の実現を中学生として自分事に捉えられるきっかけとしたい。

　気候変動に関しては日本だけではなく，地球規模で考えなくてはならない問題でもある。地球のサイクルによる気候変動もあるが，少なからず人類が環境に影響を与えてきたことが原因でサイクルが変化をしてきたと生徒たちも感じている。これらの問題について，まずは現状を知ることが自分に何ができるかを考えるためのスタートとなる。

　そこで，本時は気候変動を含む環境危機に対する日本や世界の取り組み，環境危機の現状について事前に調べたうえで，環境危機を人類に止めることができるかどうかを議論する。議論を深める中で，国際社会の一員であるという自覚をもち，自分にできることがないかを考えていく中で，人類が地球に生かされていることに気づき，自らの行動を見つめ直す機会とする。

(2) 生徒の実態について

　中学生にとって環境問題について何か自分にできることはないかと問うと，ゴミの分別や節電という言葉が返ってくる。実際に，学校でも生徒会や委員会を中心に活動をしているが，なかなか具体的な行動に移せていない現状がある。このように，中学生における環境問題への取り組みとなると，なぜそうしなければならないのかという本質の部分を理解することができていないため，形だけの活動になってしまいがちである。

　近年，異常気象が騒がれ，気候変動に関するニュースをよく耳にするようになってきた中，日本でも2018年7月の西日本豪雨や酷暑など，生徒たちにとっても他人事ではない事態が起こり始めている。今，地球に何が起きているのかを知ることは地球に生かされている私たちの責

任であり，生徒たちも不安を抱えている点である。不安だから問題を見ないようにするのではなく，不安だからこそ現状をよく理解し，課題に立ち向かっていく強さを身につけてほしい。中学生はすぐに答えを求めたがる傾向があるが，人類が抱える答えなき問いに立ち向かうことで，課題解決に取り組む意欲を身につけてほしい。

授業のねらい

　人類が環境に与えてきた影響を知り，地球に住む一員として環境危機に対して自分たちに取り組めることは何かを議論することを通して，自然を愛護する心をもち，答えのない課題に取り組もうとする道徳的実践意欲と態度を育てる。

教材観

　社会課題がテーマの場合，議論を深めることをねらいに置くと，ある程度の知識がなければ浅い議論で終わってしまう。そこで，本時では授業の1週間前にテーマを発表し，事前に自分の考えと環境危機に関する情報を調べておくよう指示をした。そして，授業実施当日の朝読書の時間（15分）に，道徳学習ノートに自分が調べてきた内容をまとめる時間を設け，「環境危機は人類に止めることができるのか」について自分の考えを整理させる。

　また，今回新たに自分の考えを後押ししてくれる根拠を探してくることを義務づけた。自分の考えや感情だけで議論を進めるのではなく，具体的数値やデータ，研究成果などを根拠とし自分の考えを構築することをねらいとする。

　授業の途中では1992年リオ地球サミットで12歳の少女セヴァン・スズキ氏がおこなった「伝説のスピーチ」の動画を見せる。年齢の近いセヴァン氏が「なおし方がわからないものを壊し続けるのはやめてください」と訴えた渾身のスピーチから，環境危機はなくならないという結論で終わらせるのではなく，自分たちにも何かできることがあるという勇気を受け取ってほしい。

　そして，授業の最後には元ウルグアイ大統領のホセ・ムヒカ氏が2012年のリオ会議でおこなったスピーチの動画を流す。世界一貧しい大統領が語った「私たちにとっての本当の幸せ・守るべきもの」についてのスピーチは世界で注目を集めた。

　人類が幸福を求めた結果，消費社会は進み環境にも影響を与えるようになった。各国の首脳が集まり，環境危機について話し合うことに意義はあるが，より大切なのは世界中の人々が改めて「幸せのあり方」を考え，自らの行動をふりかえることである。中学生として，地球に生かされていることに感謝の心をもち，課題解決に向かう意欲をもつきっかけとしたい。

指導案

○授業実施日の朝読書

段階時間	学習活動	発問等と予想される反応	指導上の留意点
15分	(1)自分の意見に根拠をもち，一生懸命考える。 ①「環境危機は人類に止めることができますか。」に対する自分の答えを出す。	【発問】 ①「環境危機は人類に止めることができますか。」 →環境危機は人類に止めることができるかどうかを考えるためには，❶環境危機の現状，❷人類の影響の二つを調べる必要がある。 ・1週間かけて調べた内容を基に自分の考えを構築する時間とする。	調べたりない部分はこの時間内に補足してもよいことを伝える。
	②自分の考えに対する根拠を整理し，①で出した答えの根拠となる軸をまとめる。	【指示】 ②「自分の考えに対する根拠を探し，まとめましょう。」 →自分の意見の根拠となる部分をノートに整理し，発表に向けた準備を進める。 ・人類に止めることができるかどうかの答えが出ているはずなので，そう考える一番の根拠を整理する。その根拠を基に，授業内では議論を進めていくことを伝える。	自分の考えを後押しする根拠となる事例をもつことの大切さを伝える。

○授業

段階時間	学習活動	発問等と予想される反応	指導上の留意点
導入 5分	(1)自分の意見に根拠をもち，一生懸命考える。 【個人活動】 ①「環境危機は人類に止めることができますか。」に対する根拠の軸を書き出す。	【発問】 ①「環境危機は人類に止めることができますか。」 →自分の考えを後押しする根拠の軸を，ワークシート1の「環境危機は」につながる◯◯◯◯の部分に書くよう指示する。 →その際，◯◯◯◯の中に「人類に止めることができる／できない」を書くのではなく，自分の意見を後押しする根拠の軸を書くことを強調する。 →例：病気になる可能性をあげる，人類の生活を改めないとならない，対策をおこなわないと深刻化する。	根拠を大切にするよう伝える。 環境危機を止められる／止められないの結論をいきなり出すのではなく，そう考えた根拠について議論していくことを意識させる。
	(2)自分の意見を発表する。人の意見を聞く。 【班活動】	・人の意見に耳を傾ける時間であることを意識し，疑問に思ったことを後のディスカッションにつなげる。	第2章1節「道徳的知の探究的な授業の進め方」を参照。

展開 ① 5分	①ワークシート１の「環境危機は」につながる□の部分を付箋紙に大きく書いて、発表する。 ②次の議論につなげるために、質問や新たに生まれた疑問を付箋紙に書いていく。 ・二つの内容を含み、時間内に発表する。	①意見の違いが後のディスカッションにもつながるため、どのような違いがあるのかに注目する。 ②次のディスカッションにおいての中心議題になるということを意識して発表を聞いておく。 ・聞き手側は、意見に対する質問や新たな疑問を、付箋紙に書いておく。	発表を聞きながら、ディスカッションのイメージをもてるように声かけをする。 メモは必要なことだけを書き取るよう指示をする。 発表者は端的に発表するよう促す。
展開 ② 20分	(3)相手の意見を受け入れ、議論を深める。 【班活動】 ③班のメンバーが発表した内容に対し、質問や新たな疑問を出し、議論を深めていく。 ・班で一人メモ係を決め、みんなの意見や質問が書かれた付箋紙を貼りながらまとめていく。最終的には議論の流れがわかるようなポスターを１枚仕上げることを目指す。 ④止められないとしても、自分たちにできることはないかを議論する。	・相手が考えたことをさらに深められるような質問をする。 ・人の意見を受け入れ、自分の思考を深める。 【中心発問】 ③「環境危機は人類に止めることができますか。」 →新たに出てきた疑問や議論を深め、考える。 ・一つの質問に対し、１回答えて終わりではなく、さらに質問を重ねて答えていくことを心がける。 【補助発問】 例：「人間がいなくなれば環境危機を止めることができますか。」 「現在の温暖化は地球のサイクルの一つだと言われているがどう考えますか。」 「人類の発展と環境保護の両立は不可能でしょうか。」 など、議論が深まる質問を各グループの議論の様子を見て投げかける。 【発問】 ④「人類に止められないからといって今のままでよいですか。」 →1992年リオ地球サミットで12歳の少女セヴァン・スズキ氏がおこなった「伝説のスピーチ」の動画を見せる。 →今回のテーマでは、人類に止めることは難しいという結論が出やすい。そのため、止められなくてもできることはないかを後半は投げかけ、議論させる。	多面的な発言が出やすくなるよう、グループの中の意見を聞きながら、発問を繰り返す。 生徒に一人１回は深めるための質問をするよう投げかける。 一つの質問に対し、最低２回はやりとりをし、考えを深めていくよう伝える。 一つの答えを出すのではないため、さまざまな方向に議論を進めるようアドバイスをする。 環境危機を自分事に捉えて議論するよう促す。

主として生命や自然、崇高なものとの関わりに関すること

展開③ 5分	(4)意見を受け入れ，自分の考えを再構築する。 【マイアンサー作成】 【個人活動】 ⑤「環境危機は人類に止めることができますか。」のマイアンサーを考える。	・これまでのディスカッションを参考に，思考を深める。 【発問】 ⑤「環境危機は人類に止めることができますか。」 →ここまでの議論を通して，環境危機を止めることができる／できないの結論を出す。 ・また，そう考えた根拠をまとめる。 →結論を出す際，できる／できないの2択で答えなければいけないわけではない。 →例：人類に止められることと，止められないことがある。 止めることはできないが，減らしていくことはできる。	思考を深めることの重要性を伝える。 自分で一生懸命考えさせる。
終末 15分	本時のふりかえりとまとめ 【個人活動】 ①動画を見て感じたことと，自分が出したアンサーを照らし合わせ，ふりかえりを書く。 ・自己評価	【発問】 ①動画：元ウルグアイ大統領のホセ・ムヒカ氏「私たちにとっての本当の幸せ・守るべきもの」を見て感じたことはなんですか。 ②ふりかえりを書く。 ・自分なりの主張と問いができたことに気づく。 ・評価の四つの柱を意識できたかを自己評価する。	動画を見て，自分の考えとは違う視点の意見を得たことで感じることを大切にさせる。 今回考えたことを少しずつ行動に移していくよう伝える。

(高野阿草)

環境危機は人類に止めることができるのか

年　　　組　　　番　名前

1 「自分の意見に根拠をもち，一生懸命考える」

環境危機は _____

根拠

2 発表＆質問「議論を深める」

メモ

3 マイアンサー「意見を受け入れ，自分の考えと根拠を再構築する」

環境危機は _____

なぜなら _____

4 新たな気づき，新たな疑問

5 自己評価をしよう

(1)「自分で」一生懸命考えられた……………………………（ 4 ・ 3 ・ 2 ・ 1 ）
(2)「人の意見」に耳を傾けられた……………………………（ 4 ・ 3 ・ 2 ・ 1 ）
(3)考えを深める「質問」ができた……………………………（ 4 ・ 3 ・ 2 ・ 1 ）
(4)相手の意見を受け入れ，自分の考えを「深め」られた……（ 4 ・ 3 ・ 2 ・ 1 ）

第2章　実践編

●対象学年：中学2年生　　●実施時期：10月ごろ

奇跡とは何なのか
～奇跡は偶然起きるのか～

内容項目：D－(21)感動，畏敬の念
関連項目：D－(19)生命の尊さ　C－(15)よりよい学校生活，集団生活の充実　B－(8)友情，信頼
　　　　　　A－(4)希望と勇気，克己と強い意志

■ テーマ設定の理由

(1) ねらいとする価値について

　これまでの人生で「奇跡」と感じられる出来事を聞いたり，見たり，経験してきたりしている中で，どのようにしてその「奇跡」が起きているのか。なぜ起こるのか。そもそも「奇跡」というものではなく，たまたま起こる一般的に考えられている不思議な出来事である「偶然」と捉えるべきなのか。それとも起こるべくして起こる「必然」なのか。ということも含め多面的・多角的に深く考えることに努めさせたい。

　本時において大切にしたいのは，自分自身の中で何事に対して本気で取り組んでいるのかということであり，そこで潜在的に人間の可能性から常識的には考えられない，思っている以上の力が働くこともあることを理解することである。本時のテーマである「奇跡」という問いから，自己を見つめ，自己の向上を図り，より高い目標を設定することで勇気と希望をもち困難な場面を乗り越えることでやり遂げることの重要さを理解させたい。また，チームやクラスの一員としての自覚をもち，協力し合うことの素晴らしさが集団の力へとつながり，その中で自分がどのような役割と責任を果たしていくのかを深く考えさせたい。

(2) 生徒の実態について

　中学2年生の2学期になると各クラブの世代交代がされ，自分たちの世代へとチームが引き継がれる時期となる。学級活動，クラブ活動をする中で，自分たちが本気でクラスとクラブに取り組まなくてはいけない状況の中で，具体的にどのような考え方や行動をとることが，「いい学級・いいチーム」への役割を果たすことになるのかわからないことも多くある。その中で自分自身の立場が見えなくなってやる気のある生徒とそうでない生徒の格差が出てくる時期でもある。今の自分と比較しながら自分事として考える必要がある。

　2学期は，一般的に学級活動としては，文化祭や合唱コンクールがあり，クラブ活動では新チームとしての大会が始まる時期でもある。また，進路に対する意識が大きく分かれ，生きることの意味を見出せない生徒も出てくるころである。そのような時期だからこそ，それぞれの考えでそれぞれの立場で自分自身と向き合うことで，お互いに励まし合う必要がある。

授業のねらい

「奇跡」に対する異なった事例を見て，「奇跡」ということの本質について考え，そのうえで「奇跡」と「偶然」の境界線を考えることを通じて，自分と他者の考え方の違いについて改めて捉え直し，よりよく生きるための道徳的実践意欲を養う。

教材観

一般的に「奇跡」と言われるスポーツでの場面の動画を2種類，生死の瞬間的な動画1種類を見る。一つ目は，バスケットボールの試合で，残り数秒のところで超ロングシュートを打ってブザービートで逆転する動画である。この動画は，インターハイ出場がかかった試合で，最後の最後まで諦めない気持ちから生まれた逆転劇は，何がそうさせたのかについて，深く考えさせたい。

二つ目は，高校野球の甲子園予選の試合で，同じく大逆転の試合。ここでは仲間を最後まで信じて，思いをつなぐというシーンがあり，一般的に起きない「逆転劇」が起こる。この二つの動画からは，これから始まる中体連の大会で諦めない気持ち，仲間を信じ協力し合うことの大切さを伝えたいものである。

三つ目は，生死のかかった絶体絶命の場面の動画で，火災が発生した高層マンションから飛び降り，車との接触事故を起こしたにもかかわらず，奇跡的に命が助かったというものである。そこから命の尊さに気づき，生命の力強さに触れることで改めて生きることの意味を考えさせたい。

動画としては「奇跡」と呼ばれるものばかりだが，この動画を通して，「なぜ」起きたのか。この事象を「偶然」とは考えられるのか。など多面的・多角的に考えるきっかけとしたい。

奇跡とは，常識では考えられない神秘的な出来事。既知の自然法則を超越した不思議な現象で，宗教的心理の徴と見なされるもの。

必然とは，必ずそうなること。それより他になりようのないこと。

偶然とは，何の因果関係もなく，予期しないことが起こること。思いがけないことが起こるさま。

指導案

○授業

段階 時間	学習活動	発問等と予想される反応	指導上の留意点
導入 15分	【個人活動】 ・本時の流れについての説明と導入の発問に答える。 ・動画を3種類見る。 【ファーストアンサー作成】 ・ワークシート1・2を記載し、個人の主張をつくる。 ・付箋紙に意見を書く。	【発問】 「奇跡を信じている人はいますか。」「自分自身『奇跡』を体験した人』はいますか。」 →信じている理由と信じていない理由を発表させる。 →疑う生徒はなぜ、疑うのかを発表させる。 →自分の体験談を発表することでイメージをもたせる。 【発問】 「奇跡とは何なのでしょうか。奇跡は偶然起きるものなのでしょうか。」 →動画を見て、自分の実体験と重ね合わせて、考えを深める。 →ネガティブな意見が出ることもある。 ・個人の意見がまとまらない。 ・周囲の意見を気にする。 ・他の生徒の意見から個人の意見を深める。	生徒の考えを尊重するため、深くアプローチしない。 意見が多く出る生徒と出ない生徒にかなりの差が出るが、その点について、それでも一人で考えるよう生徒に促す。
展開 ① 10分	グループディスカッション 【小集団活動】 ・付箋紙を提示しながら個人の発表をする。 ①奇跡とは何なのか。 ②奇跡は偶然起きるのか。 ・二つの内容を含み、各グループからの意見発表をする。	【発問】 「奇跡と必然はどのように違うのでしょうか。」 →補助発問を念頭に置きながら議論することでグループディスカッションがより活発になり、思考が深いものになる。 【補助発問】 ・①について 「奇跡とはどの程度のことが起こると奇跡というのでしょうか。」 →人それぞれ違うという意見が出てくる。 「奇跡を信じることはだめなことなのでしょうか。」 ・②について 「奇跡のような体験はなぜ起こるのでしょうか。」 ・グループ活動をしながら、発言を引き出し、内容を深めていく。時間がたりず、意見が深まらないことを想定しておく。	多面的な発言が出やすくなるよう、グループの中の意見を聞きながら、【補助発問】を繰り返す。 発言の少ない生徒への問いかけをする。

展開② 15分	・発表を聞いたうえでもう一度中心発問に対する主張を考える。 【全体意見共有】	・現時点でのグループから意見や気づきを発表させる。 →新たな考え・価値に触れることで、また新たな疑問やモヤモヤ感が生まれる。 ・これまで考えてきたことをさらに深く考えるよう発問する。 →グループ発表としては、抽象的な内容となることが多いことを予想し、「もう少し具体的に説明してください。」「根拠は何ですか。」という発問をすることで、より深く思考するようになる。 ・他のグループのアイデアを知ることで、自分の思考の枠を広げていこうとする。	人の意見を聞き、自分の主張との違いから考えることの大切さを問いかける。 自分の中での「奇跡」についての考えを深める。
	・「個人的な知識」なのか。「共有された知識」なのか。意見を整理し、ワークシートに記入する。	「私と私たちの主張・意見の境界線はどこにありますか。意見の共通点と違いは、どこにあるのでしょうか。」 「賛同できる意見はなぜ賛同できるのでしょうか。違いを感じる意見はなぜ賛同できないのでしょうか。」この点について深く考える。 →「個人的な知識」と「共有された知識」を整理し、それぞれの主張を可視化する。	個人的な知識と共有された知識についての理解を深める問いかけをする。 他のグループの意見を聞き、主張を再構築するよう考える。また、発問を考えながら聞くことで、思考がより深まることを伝える。
	【ファイナルアンサー作成】 ・個人での主張をつくる。 ・ファーストアンサーとファイナルアンサーの違いに気づかせる。 ・ワークシートを書く。 ・個人発表をする。	・主張を整理できない生徒が出てくる。 →主張が整理できなくてもよいことを伝える。 →言葉にならなくてもグループディスカッションを通じて、生徒の中での思考は深まっている。 ・想像力を働かせながら、自分なりの主張をつくることの面白さと難しさを感じる。 ・これまでの「奇跡」ということとは、違った価値観について深く考えることから新たな「問い」が出る。	
終末 5分	・本時のふりかえりを記載する。 ・自己評価を記載する。	・これからの日常で自分として何ができるのかについて深く考え、自分の行動に活かすよう促す。 ・自分を見つめるために自己評価する。 ・自分なりの主張と問いができたことに気づく。	最後のワークシートに記入する際、ふりかえりと新たな疑問が重要であることを伝える。

(西田　透)

奇跡とは何なのか～奇跡は偶然起きるのか～

年　　　組　　　番　名前

　さまざまな場面で『奇跡』を見たり，実際に体験したことがあると思うが，『奇跡』とはそもそも何なのか。偶然起きるのだろうか。多面的・多角的に深く考えてみよう！

1　『奇跡』とは何なのか【ファーストアンサー】

2　『奇跡』は，なぜ起きるのか。偶然起きるのか

3　グループの考え【人の意見に耳を傾ける】

名前	意見

・質疑応答（人の意見に耳を傾ける＋相手の意見を受け入れ，自分の考えを「深める」）
・さらに理由を深められる質問をしよう！　1人1回は質問すること！

4 グループで出た結論は,【個人的な知識】なのか。【共有された知識】なのか。理由も含めて書こう

【個人的な知識】

【共有された知識】

5 『奇跡』とは何なのか【ファイナルアンサー】

6 新たな気づき,新たな疑問

7 自己評価をしよう！
(1)「自分で」一生懸命考えられた……………………………(4 ・ 3 ・ 2 ・ 1)
(2)「人の意見」に耳を傾けられた……………………………(4 ・ 3 ・ 2 ・ 1)
(3)考えを深める「質問」ができた……………………………(4 ・ 3 ・ 2 ・ 1)
(4)相手の意見を受け入れ,自分の考えを「深め」られた……(4 ・ 3 ・ 2 ・ 1)

「ふりかえり」はなぜ大切なの？

　この10～15年くらいの間で，「ふりかえり」が学校教育のさまざまな場面で活用されるようになりました。この背景の一つには，「ポートフォリオ評価」が総合的な学習の時間を中心に取り入れられるようになったことがあげられるでしょう。子どもたちが自らの学びをふりかえるのは，**自分が学んできた状況を確認し，学んだことに意味づけをし，これからの進むべき道を探っていく主体者になるという「自己評価」のプロセス**に含まれます。

　教育評価は，他者あるいは子どもの外に設定された基準に照らし合わせてなされるのが一般的でした。例えば，戦前の絶対評価は，絶対的な存在としての教員が子どもたちに与える評価でした。目標準拠型の評価も，目標に照らし合わせて子どもたちの学習状況や到達度を捉えていきます。いずれにしても，「評価は教員がしてくれるもの」でした。

　これに対して自己評価は，子どもたちが自らの学びを自らで捉えていきます。自分は授業で何に気づいたのだろうか，どういうことに関心をもったのだろうか，何を疑問に思ったのだろうか，何がわかって何がわからなかったのだろうか，こういったことを自分で見取っていくのがふりかえりです。ふりかえりをすることによって，メタ認知能力が高まっていくことが期待されます。さらに言うならば，自分を見つめることによって「自分とは何なのか」という**アイデンティティの形成**に寄与しますし，他者からの評価でしか自己を確立できないといった**過度な「承認欲求」からの脱却**も図れます。

　ふりかえりを意味するリフレクション（reflection）は，もともとは「反射」を意味します。鏡に写った自分の姿を見るというイメージです。朝起きたら鏡で自分の姿を見て，顔色や容姿を確認して，寝癖などがあれば直しますよね。要は，**学びにおいても自分で自分の姿を確認して自己調整あるいは自己決定していくことが自己評価**なのです。さらに例えるなら，これまでは自ら鏡を見ることなく，他者からの指摘のみで自らの状態を捉えていたということになります。

　もちろん，他者だからこそ気づけることも多々ありますので，他者評価が必ずしも悪いわけではありません。むしろ，それに併せて自分で自分を捉えていくこと，自分の基準で自分を評価するといった自己評価が求められるのです。そのためのふりかえりなのです。真の主体的な学習者を育てるためには，評価の場面においても，自己評価をもっと取り入れていく必要があるでしょう。

　教育の究極的な目的は，親や教員がいなくても自らで歩んでいける子どもを育てることにあります。そのためには，自分で状況判断し，自己調整，自己決定しながら進んでいけるように育んでいかねばなりません。ふりかえりを含む自己評価は，この先ますます大きな役割を担ってくるでしょう。

（荒木寿友）

第3章
評価編

考え，議論する
道徳をつくる
道徳的知の探究的な学習
に基づいた
評価

道徳科の評価と道徳的知の探究的な学習での取り組み

1 教科の評価と特別の教科道徳における評価

　教育は，人間の成長や発達を促していくために，何かしらの目的をもっておこなわれる活動です。一つの授業という短期的な視点で考えてみても，授業が始まる前と後を比べて，こんな知識について知ってほしい，こういった視点で物事を考えてほしい，こういうことができるようになってほしいなど，授業者はさまざまなねらいをもって教育活動を展開しています。1年間といった長期的な視点で考えても，同様のことが言えます。それが学校の教育目標や年間の指導目標として描かれています。

　となると，その目標がどの程度達成されたのか評価していく必要性が生じてきます。この意味において，教育評価は教育目標に基づいてなされる（いわゆる目標に準拠した評価）というのが一般的な考え方になります。教育評価とは，教育目標がどの程度達成されたのかチェックするということ，ならびに教育目標が達成されるにあたって展開された教育活動そのものを再確認していくという二重の意味を有しています。このように教育評価には，子どもたちの目標達成の程度や度合いを見ていくという側面（子どもの成長を見取る評価：視点）と，授業そのものが適切に展開されたかどうか見ていくという側面（授業改善に活かす評価：観点）という二つの側面があることになります。

　しかしながら，このような教育評価の捉え方，とりわけ目標達成の度合いを見ていくということは，一般的には国語や社会，数学といったいわゆる「教科」においてなされる評価活動を前提としています。道徳科の評価においては何が異なってくるのでしょうか。

　学習指導要領では，道徳科の評価について次のように記されています。

> 　児童の（生徒の）学習状況や道徳性に係る成長の様子を継続的に把握し，指導に生かすよう努める必要がある。ただし，数値などによる評価は行わないものとする。
> 　　　　（「第3章　特別の教科　道徳」の「第3　指導計画の作成と内容の取扱い」の4，カッコ内は中学校）

　道徳科において評価の対象になるのは「学習状況」であり，学習の結果や到達度ではないということをまず確認しておきましょう。教科教育には明確な到達度が設定されています。その目標に生徒がどの程度近づくことができたかによって，評価が異なってきます。ところが道徳科においては明確な到達点が示されているわけではありません。同様に気をつけなければなら

ないのが、「道徳性そのものの成長の様子」ではなく、「道徳性に係る成長の様子」と記載されている箇所です。道徳科の目標は次のように記されています。

> よりよく生きるための基盤となる道徳性を養うため、道徳的諸価値についての理解を基に、自己を見つめ、物事を（広い視野から）多面的・多角的に考え、自己の（人間としての）生き方についての考えを深める学習を通して、道徳的な判断力、心情、実践意欲と態度を育てる。
>
> （カッコ内は中学校）

　道徳的な判断力、心情、実践意欲と態度といった道徳性を育てることが道徳科の目標ですが、ここには到達点は明記されていません。というのも、道徳性は生徒の「人格全体に関わるもの」と定義されているので、到達点を設定することそのものが不可能だからです。また次のようにも『解説』では記されています。「道徳性とは、人間としてよりよく生きようとする人格的特性であり、（中略）このような道徳性が養われたか否かは、容易に判断できるものではない」。教育基本法で描かれている「人格の完成」と似たような表現であると言えます。それゆえ、道徳科における学習活動において生徒がどのように取り組んでいたのか、その「学習状況」および「道徳性に係る成長」が評価の対象となってきます。
　では、授業者はその変化のプロセスをどのように捉えていけばいいのでしょうか。

2　道徳科の評価：生徒のどこを見取るのか

　道徳科の評価のポイントも、実は目標に記されています。中学校の道徳科では三つの学習活動、つまり第一に自己を見つめること、第二に物事を多面的・多角的に考えること、第三に人間としての生き方について考えることが含まれています。生徒がいかに成長したのか、その学習状況を捉えていくためには、この三つの学習活動に着目していく必要があります。もう少し具体的に見ていきましょう。
　自己を見つめることとは、道徳的価値を自分との関わりの中で、これまでの経験と結びつけて捉えることを意味しています。もし自分ならどうするだろうか、これまでの自分はどんな考え方をしていただろうか、自分はどんなときに喜んだり怒ったりするのだろうか、自分の常識や当たり前って何だろうかなど、道徳的価値に焦点をあてながら自分をふりかえることによって、自己を見つめることが可能になってきます。
　多面的・多角的に考えることとは、物事をさまざまな視点から捉えられるようになってきたかということを意味します。先の「自己を見つめる学習活動」はあくまで自分自身を対象として捉える活動ですが、この活動に留まってしまうと自らの考えに固執してしまう可能性が出てきます。自らの考え方を絶対的なものにしないためにも、他者の考えに耳を傾け、あるいは別

の捉え方はできないかと自問自答を巡らせたりしながら，さまざまな立場を踏まえて多様な考え方や捉え方を身につけていくこと，これが多面的・多角的に考えることにつながっていきます。

　自分の生き方，人間としての生き方を考えるとは，自分を見つめ，多様な考え方に触れた上で，これからどのように生きていきたいのかという未来志向の視点を含んでいます。これは道徳の授業を受けての単なる「決意表明」ではなく，新たな疑問や悩みが出てくることも含まれています。道徳の授業によってこれまでの思考の枠組みが崩れたとしても，すぐに新しい生き方が生まれてくるわけではありません。むしろ，「これからどうしたらいいのだろうか」という疑問や悩みが出てくることによって，授業後に生徒がさらに成長していくことにつながっていきます。こういった生徒の内面の葛藤を大切にしたいものです。

　これらの評価のポイントは，当然のことながら，授業者に対する授業評価の観点として返ってきます。先に教育評価の特質として，「子どもの成長を見取る評価」と「授業改善に活かす評価」の2点をあげましたが，道徳科の授業において三つの学習活動が適切に行われていたのかどうかを見極めていくことが重要となってきます。例えば，生徒が自己を見つめることがあまりできなかったということは，授業者の自己を見つめさせる活動への取り組ませ方が不十分であったことを意味しています。他の場合も同様です。

　以上から，道徳科の評価は次のようにまとめられます。

- 生徒の学習状況や成長のプロセスを捉えていくということ
- そのプロセスにおいては，自己を見つめる，多面的・多角的に考える，生き方について考えるという三つの点が含まれるということ
- 生徒が学習状況に取り組むプロセスを見ていくことは，授業改善の観点につながるということ

　では，より具体的にはどのように生徒の成長を捉えていけばいいのでしょうか。次項において評価方法について考えていきましょう。

3　どのように生徒の成長を見取っていくか：評価方法について

　学習指導要領の解説には，実際に生徒に返していく評価について具体的に次のようにまとめてあります。

> 個々の内容項目ごとではなく，大くくりなまとまりを踏まえた評価とすることや，他の生徒との比較による評価ではなく，生徒がいかに成長したかを積極的に受け止めて認め，

> 励ます個人内評価として記述式で行うことが求められる。　　　　　　　（下線部は筆者）

　ここでまず押さえておきたいのが，「大くくりなまとまり」という表現です。先にも述べましたが，道徳性は内面的資質であり，そうそう簡単に成長が見て取れるものでもありません。一定の期間じっくりと時間をかけて生徒の学習状況を見ながら，道徳性に係る成長を捉えていくことが大切になります。

　また，先にも示したように，他教科とは違い道徳性には明確な到達点が示されているわけではありません。となると，到達度に照らし合わせて生徒を評価すること（目標に準拠した評価）はできなくなります。さらには，集団の中での位置づけに基づいた評価（相対評価）も無意味です。他者との競争の中で道徳性が育まれていくわけでもありませんし，仮に相対評価に基づいて道徳性の優れた生徒を認定しようものなら，同時に道徳性の乏しい生徒が存在することにつながります。「人間性のランキング」をつけるために道徳の評価があるわけではありません。あくまで道徳性が伸びたかどうかは，過去のその生徒自身との比較の中で捉えられる必要があります。これが「個人内評価」と呼ばれるものです。例えば，「Aさんは以前は身近な人間関係の中で物事を考える傾向があったが，最近は自分とは直接関係のない人たちについても考えを巡らせることができるようになってきた」という表現は，Aさんの過去と現在を比較して個人内評価をおこなっています。

　しかしながら，こういった理念は一定理解できるものの，実際にはゆっくりと育っていく道徳性を見極めることは困難をともなうことが予想されます。となると，教員は１時間１時間の授業を大切にし，生徒がそれぞれの授業でどのように取り組んだのか，「記録」を残しておくようにしなければなりません。その「記録」の代表的なものが，道徳ノートやワークシートになってくるでしょう。

　ただし，一定の期間，継続的に蓄積した道徳ノートやワークシートは，そのままでは生徒に返していく評価にはなりません。学びの過程において蓄積してきた記録などを評価に活かしていくことを，一般的に「ポートフォリオ評価」と言いますが，ポートフォリオ評価において大切なポイントになるのは，

> ①教員による生徒の学びの確認作業
> ②生徒自身による学びの過程のふりかえり（自己評価）
> ③教員と生徒による共同のポートフォリオ検討会（相互評価）

です。①の取り組みは比較的簡単ですので，すでに多くの先生が取り組んでいるものですが，②や③はそれを実践するための時間を確保しなければならないので，やや難易度が高いと言えるでしょう。

①の作業を通じて，多くの教師が直面する問題があります。それは，「道徳ノートやワークシートにあまり書けない生徒の存在」です。ここには実は，二つの問題が含まれています。一つは，どうしても「書く」という行為そのものが苦手な生徒という問題，そしてもう一つが，生徒が授業に対して興味関心を抱かなかったという問題です。前者の場合は，書けない生徒には目星をつけておいて，授業中の発言に着目してみたり，あるいは授業中に発言そのものがない場合は，授業後にさりげなく「今日の道徳の授業，悩んでいたみたいだけど，どんなことを考えていたの」というように感想を聞いてみるのもいいでしょう。現在の教育課程では「言語活動の充実」が大きな柱になっていますが，だからといって道徳の授業で「書く」という作業がねらいの一つになるわけではありません。あくまで道徳性を育んでいくことがねらいですので，「書けない」という現象にそれほど着目する必要はありません。

　一方，後者の「授業そのものに興味関心がない」場合はどうするべきでしょうか。学級すべての生徒が興味関心をもつ教材が理想でしょうが，現実はそう甘くありません。部活動に熱心に取り組んでいる生徒，ファッションに関心がある生徒，受験のことが頭から離れない生徒など，それぞれの生徒の興味関心はさまざまです。そこで，そういった生徒に対しては，普段教材として用いている教科書からちょっと離れてみて，その生徒が興味をもつ教材を準備することも必要になってくるでしょう。スポーツに興味のある生徒に対しては，一流アスリートを扱った教材，ファッションに関心がある生徒に対しては，デザイナーの話や，ファストファッションの裏に隠された従業員の過酷な労働や大量消費の問題に発展させるような教材もいいかもしれません。いずれにせよ，授業そのものに関心がないというのは，生徒の問題ではなく，むしろ授業者の教材選択などに対する問題提起として扱うべきです。授業評価については次項でも扱います。

　最後に，実際に生徒に評価を返していくときは，どのような文面になってくるのでしょうか。さまざまな書籍や各自治体の教育委員会などが評価の文例を出していますが，ここでは一般的な形を示しておきます。それは

$$\boxed{大くくりな評価} + \boxed{特定の場面の評価}$$
認め励ます表現

という形です。まず半年，あるいは1年間を通じてゆっくりと育ってきた道徳性についての記述があります。次いで，その育ってきた「証拠」を示す具体的な生徒の発言やノートの記述を記載します。そして，この両者が生徒を認め励ます表現になっているということです。

　より具体的には，次のような表現になってくるでしょう。

他人との関わりについてさまざまな立場からの意見の相違を考えることができるようになりました。特に「相互理解・寛容」を扱った授業では，……という意見を述べて，他人から謙虚に学ぶ姿勢の大切さに気づいていました。

この記述をする際には，大くくりな評価から書いていくことも考えられますが，実際には以下のような流れで書いていくことが一般的になると思います。

- 生徒のワークシートやノートなど（学びの履歴）を見返す中で，もっともその生徒が輝いていた「ピカイチ」の記述を取り出す。（特定の場面の評価）
- その記述がなされた授業が，A〜Dの四つの視点のどの授業に位置づく授業だったのか確認する。
- 他の授業の中から，同じ視点を扱った授業を抽出し，その授業で生徒が書いたワークシートなどを見返し，どのように変化したのか確認する。（大くくりな評価）

4 評価を授業改善に活かす

これまでは生徒に返す評価を中心に見てきましたが，では，授業評価に対してはどういった観点に基づいておこなっていけばいいのでしょうか。例えば，『解説』では次のように「授業に対する評価の観点」がまとめられています。

> ア　学習指導過程は，道徳科の特質を生かし，道徳的諸価値の理解を基に自己を見つめ，人間としての生き方について考えを深められるよう適切に構成されていたか。また，指導の手立てはねらいに即した適切なものとなっていたか。
> イ　発問は，生徒が広い視野から多面的・多角的に考えることができる問い，道徳的価値を自分のこととして捉えることができる問いなど，指導の意図に基づいて的確になされていたか。
> ウ　生徒の発言を傾聴して受け止め，発問に対する生徒の発言などの反応を，適切に指導に生かしていたか。
> エ　自分自身との関わりで，物事を広い視野から多面的・多角的に考えさせるための，教材や教具の活用は適切であったか。
> オ　ねらいとする道徳的価値についての理解を深めるための指導方法は，生徒の実態や発達の段階にふさわしいものであったか。
> カ　特に配慮を要する生徒に適切に対応していたか。

端的にまとめると，アがねらいと指導過程，イが発問，ウが教員－生徒関係，エが教材，オ

が生徒の実態，カが発達への配慮と言えるでしょう。先に「ワークシートに書けない生徒」について主として興味関心の点からエの教材について述べましたが，その他のア〜カの視点に照らし合わせれば，書けない理由，あるいは書いていたとしてもなかなか深まっていかない理由が他にも考えられるかと思います。教員が自分自身で授業をふりかえる際に，また研究授業などで授業をふりかえっていく際の分析軸になりますので，上記の観点を積極的に活用してみてください。

5　道徳的知の探究的な学習における評価

　道徳的知の探究的な学習では，主としてワークシートを用いることで，生徒の学びの軌跡を残していっています。このワークシートでは，これまで述べてきた評価，つまり「自分を見つめ，多面的・多角的に物事を考え，人間としての生き方について考えるといった学習活動を通じて，その生徒に生じた道徳性にかかる変容を見取っていくという評価」の視点に，もう一つ独自の評価の視点を加えています。それは「新たな疑問」が出てきているかどうかということです。

　第2章1節でも述べられているように，道徳的知の探究的な学習の一番の目的は，「問いを立てる」ことにあります。授業中の仲間とのやり取りや，自己内対話を通じて見出された新たな疑問が，その後の探究活動の契機となります。問いのないところに探究はありえません。また『たった一つを変えるだけ』(2015)でも述べられているように，問いをつくり出すことは，「発散思考」，「収束思考」，そして「メタ認知思考」といった三つの思考力を伸ばしていくことを意味しています。「思考力，判断力，表現力」といった資質・能力の育成が重要視されていますが，授業をふりかえっていく段階で生徒が問いを立てる項目を加えることによって，生徒の思考力を伸ばしていくことが可能になってきます。

　例えば，「この世の中に笑いは必要か」の授業を受けた中学2年生の生徒は，授業のふりかえりにおいて次のような新たな問い（疑問）を立てています。

- なぜ笑いがあれば感情が豊かになるのか
- 人との関わりがなければ，どういう笑いが生まれるのか
- なぜ人は流されやすいのか
- イヤな笑いはどうすればなくなるのか，またイヤな笑いがなぜ今もあるのか
- 必要のないと思われている笑いがなくなったら，本当に私たちは幸せになれるのか
- 笑いがなくなると，怒りや悲しみといった他の感情もなくなってしまうのか

　また，「人はなぜ旅をするのか」（本書では未掲載）の授業後には，「旅と旅行は同じように

思えるが,よく考えてみると違う。両者の違いは何か」,「旅によって新しい自分に出会えるというが,新しい自分とは何か」という問いを立てています。

これらの新たな疑問は,「はい」か「いいえ」で答えられるようなクローズな問いではなく,答えが多方面に広がっていくオープンな問いであると言えます。授業を受けたことによって,新たにさまざまな問いが出てくる授業が道徳的知の探究的な学習が目指す姿であり,授業の成否を判断する一つの指標となってきます。

このように,新たな問いを立てるという行為は,人間が思考停止に陥らないもっとも重要な行為です。思考を巡らせることで人間は成長します。逆に言えば,問いのないところでは,人間は「考える」ことはなく,成長も見込めません。思考することと,問いをもつことは密接に関係していると言えます。

これからの道徳授業が本当の意味で「考え,議論する道徳」になっていくためには,他者(教員)から提示された「発問」に答えていく道徳の授業を超えた,子どもたち自らが問いを創り出し自らで答えていく,そういった授業を目指していく必要があります。繰り返しになりますが,「主体的・対話的で深い学び」が道徳の授業において実現したかどうかを判断していく一つの指標として,生徒に新たな疑問が生じたのかどうか,新たな問いを立てたのかどうかという点は重要な示唆を与えてくれるでしょう。

【参考・引用文献】
・ダン・ロスステイン,ルース・サンタナ著,吉田新一郎訳『たった一つを変えるだけ:クラスも教師も自立する「質問づくり」』新評論,2015年.
・文部科学省『中学校学習指導要領解説　特別の教科　道徳編』2017年.

(荒木寿友)

中学生を「モヤモヤ」させよう

　中学生ごろから高校生以降（青年期）の発達的な特徴として、例えば、キーリングは次のような五つの思考の特徴をあげています（バターワースなど1997年）。それは、①すぐには得られなくとも、その可能性を考える、②前もって考える。計画する、③仮説をじっくり考える。思考は仮説の生成と系統的な熟考を必要とする、④思考について考える、⑤伝統的な枠を超えた思考、です。要は、12歳くらいになってくると、抽象的に考えたり、先のことを見通して考えることができるようになったり、メタ的に考えたり、既存の枠組みを超えた考え方ができるようになるということです（もちろん発達には個体差があるので、12歳というのはあくまで目安です）。このような思考の特徴をもつのであれば、それを授業の中で存分に活かしていきたいですよね。

　「モヤモヤ」というのは、これまでの考え方ではうまくいかない、帳尻が合わない、なんだか落ち着かないという思考の状態を表しています。頭の中がスッキリとしない状態ですね。教育の世界ではこのモヤモヤとした状態こそが、子どもたちの成長を促すものと捉えられています。私たち大人であっても、スッキリとしない頭の状態は不快です。何とかして筋を通したり、理屈が合うように考えたりします。つまり、**従来の物事の捉え方を超えた考え方**をする必要が出てくるのです。従来の枠組みから超えて考えていくこと、これこそが成長です。**モヤモヤとすることは、実は成長への入り口なのです。**

　道徳的知の探究的な学習は、道徳的な価値について「私が知っていること」と、「私たちが知っていること」を問い直し、検証する中で、生徒が新たな道徳的価値観を形成していく手法です。自分にとっての当たり前を問い直すという思考（批判的思考）はなかなか高度な認知操作ですが、先に取り上げた青年期の思考の特徴をもち始めている中学生の時期であれば、可能になってきます。思考について考えたり（メタ認知）、伝統的な枠を超えた思考ができたり、系統立てて考えることは、まさに道徳的知の探究が実践の中で取り組んでいることと合致します。

　かつて「アクティブ・ラーニング」という言葉が独り歩きし、グループワークなどの外的な活動が重視される傾向がありました。授業中にモヤモヤとさせることは、一見とても静かな活動に見えますが、生徒の**頭の中はフル回転**しています。**人間は本当に考えているときって、とても静かになるものです。**

　道徳の学びに深さを与えるために、生徒をモヤモヤとさせてみましょう。

（荒木寿友）

【参考文献】
・ジョージ・バターワース、マーガレット・ハリス著、村井潤一監訳『発達心理学の基本を学ぶ』ミネルヴァ書房、1997年.

おわりに

　最後までお読みいただきありがとうございます。いかがだったでしょうか？
　「考え，議論する道徳」を実践していく方法は多数あると思いますが，本書がその選択肢の一つになりそうであれば，執筆者一同このうえない喜びを感じます。

　Society5.0（内閣府）の提唱や，今後の AI のますますの発展などから，私たちは「人間とは何か」，「人間だからこそできることは何か」という問いについて改めて考えていく必要がある時代に突入しています。かつて「教育の現代化」に対する反省として，1970年代に「教育の人間化」が唱えられ，人間尊重の精神や人間中心のカリキュラムが提唱されました。Society5.0を目前にした今は，もしかしたら状況は似ているのかもしれません。

　いずれにせよ，情報通信機器の発達などによって，私たちは過去にも増して「即断即決」を求められる場面が増え，あまり考えずに物事を押し進めている感があります。便利になって余裕がもてる世の中のはずなのに，なぜかいつも時間に追われてせわしなく動いているような気もします。矛盾していますね。

　「人間だからできること」，その内実は多様な分野に波及しそうですが，おそらく「深く考えること」は人間だからこそできることの一つに入ってくると思っています。ゆっくりと立ち止まってじっくり考える，その契機を与えてくれるのが道徳的知の探究的な学習であり，これからの時代を担っていく子どもたちにぜひとも身につけてほしい資質・能力だと思っています。本書の取り組みが，現在と未来を生き抜く子どもたちにとって「実のあるもの」になることを願ってやみません。

　最後になりましたが，本書の編集・刊行にあたっては，明治図書出版の林知里さん，佐藤智恵さんに多大なるご支援と大変細やかなご配慮をいただきました。この場を借りて感謝を申しあげます。

著者を代表して
荒木寿友

【編著者紹介】

荒木　寿友（あらき　かずとも）
立命館大学大学院教職研究科教授
1972年宮崎県生まれ，兵庫県育ち。2003年京都大学大学院教育学研究科博士課程修了（博士）。NPO法人EN Lab.代表理事。専門は道徳教育，教育方法学，国際教育，ワークショップなど。対話やワークショップを核とした研究とともに，国内外（ミャンマー）の教育支援活動をおこなう。

【執筆者紹介】（執筆順，所属は執筆時）

荒木寿友　立命館大学大学院教職研究科教授
後藤健夫　教育ジャーナリスト
井上志音　灘中学校・高等学校
西田　透　立命館宇治中学校・高等学校
高野阿草　立命館宇治中学校・高等学校

＊本書は国際バカロレア機構による認定を受けたものではございません。

中学校道徳サポートBOOKS
未来のための探究的道徳
「問い」にこだわり知を深める授業づくり

2019年9月初版第1刷刊　Ⓒ編著者　荒　木　寿　友
　　　　　　　　　　　　発行者　藤　原　光　政
　　　　　　　　　　　　発行所　明治図書出版株式会社
　　　　　　　　　　　　　　　　http://www.meijitosho.co.jp
（企画）林　知里・佐藤智恵　（校正）関沼幸枝
〒114-0023　東京都北区滝野川7-46-1
振替00160-5-151318　電話03(5907)6703
ご注文窓口　電話03(5907)6668

＊検印省略　　　　　　組版所　株式会社カシヨ

本書の無断コピーは，著作権・出版権にふれます。ご注意ください。
教材部分は，学校の授業過程での使用に限り，複製することができます。

Printed in Japan　　　　　　　ISBN978-4-18-299710-5

もれなくクーポンがもらえる！読者アンケートはこちらから→

中学校道徳サポートBOOKS

中学校「特別の教科 道徳」の
授業と評価実践ガイド

服部敬一 著

道徳ノートの記述から見取る通知票文例集

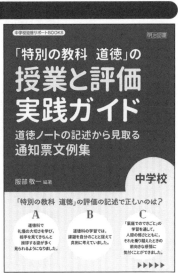

図書番号1200・B5判128頁・2200円+税

子供の記述を見取れば道徳の授業と評価に迷わない

「特別の教科 道徳」では生徒が「分かったこと」を資料として評価文を作成し、道徳科の学習において生徒自身が自分事として道徳的価値の理解をどのように深めたかという生徒の学びや成長の様子を記述しよう。道徳ノートの生徒の記述をいかに見取るか、実践をまとめた。

「指導と評価の一体化」の視点で見取る

【教材】裏庭でのできごと／父の目覚まし時計／二人の弟子／父の言葉／夜のくだもの屋／ある車中でのこと／部活の帰り／違うんだよ，健司／言葉の向こうに／二通の手紙／卒業文集最後の二行／私のボランティアの原点／一冊のノート／みんなでとんだ！／海と空―樫野の人々―／キミばあちゃんの椿／雪の日に／足袋の季節／銀の燭台

道徳科授業サポートBOOKS

実感的に理解を深める！
体験的な学習
「役割演技」でつくる
道徳授業 学びが深まるロールプレイング

図書番号2414・A5判・136頁・1860円+税

早川裕隆 編著

疑似体験させることで自分事として考えを深める手法

「友情・信頼」が大切なこととわかっても、実社会の「その時」、子どもたちはどう行動するのでしょうか？「役割演技」の授業では、子どもがその立場を演じ、みんなと話し合います。すると主題が心にグッと迫ってきます。自分事として考えが深まり、生き方を見つめられるようになります。

「役割演技」を取り入れた授業実践

【教材】お月さまとコロ／正直50円分／うばわれた自由／裏庭でのできごと／およげない りすさん／貝がら／泣いた赤おに／吾一と京造／黄色い ベンチ／お母さんはヘルパーさん／班長になったら／二通の手紙／ハムスターの赤ちゃん／シクラメンのささやき／青のどう門／カーテンの向こう

明治図書　携帯・スマートフォンからは **明治図書ONLINEへ** 書籍の検索、注文ができます。▶▶▶

http://www.meijitosho.co.jp　＊併記4桁の図書番号（英数字）でHP、携帯での検索・注文が簡単に行えます。

〒114-0023　東京都北区滝野川7-46-1　ご注文窓口　TEL 03-5907-6668　FAX 050-3156-2790